岁月延长

"忆铁人"访谈录

铁人王进喜纪念馆 ◎编著

石油工业出版社

内 容 提 要

铁人王进喜诞辰100周年之际，铁人王进喜纪念馆为弘扬铁人王进喜生平事迹和铁人精神，收集整理近年来同专家、历史亲历者、媒体记者等共同挖掘的大量铁人王进喜有关的历史事件背后的故事。本书用采访、专访、访谈等记述方式，以"忆铁人"为主旨，将这些故事辑合在一起，形成研究铁人王进喜、铁人精神的宝贵资料永久留存，旨在宣传弘扬铁人精神方面发挥更大的作用。

本书适合油田历史、大庆精神铁人精神的研究人员和爱好者阅读，对宣传展示大庆精神铁人精神的工作人员亦有一定的参考价值。

图书在版编目（CIP）数据

百年追忆："忆铁人"访谈录 / 铁人王进喜纪念馆编著 . -- 北京：石油工业出版社，2024.12. -- ISBN 978-7-5183-7229-4

Ⅰ . K828.1

中国国家版本馆CIP数据核字第20258F85K3号

出版发行：石油工业出版社

（北京安定门外安华里2区1号　100011）

网　　址：www.petropub.com.cn

编辑部：（010）64523760　　图书营销中心：（010）64523633

经　　销：全国新华书店

印　　刷：北京中石油彩色印刷有限责任公司

2024年12月第1版　2024年12月第1次印刷

710×1000毫米　开本：1/16　印张：16.25

字数：230千字

定价：100.00元

（如出现印装质量问题，我社图书营销中心负责调换）

版权所有，翻印必究

《百年追忆》

编 委 会

主　　任：于慧群

副 主 任：闫立群　张德彬　李洪福　刘　科　苏爱华
　　　　　于　凡　李维栋　朱兴城　姜　涛

委　　员：张　雷　王　颖　邢荣哲　李　娜　何德全
　　　　　唐小茹　张立凤　闫　冬　郭　程　王美苏
　　　　　郑媛元　任灵子　李　木　赵爱玲　邓　靖
　　　　　关　键

编 写 组

主　　编：于慧群

副 主 编：苏爱华

执　　笔：白玉兰　张　雷　王　颖　唐小茹　张立凤

目 录

开 篇 铁人雕像前的对话

第一辑 百年·追忆

揭秘：铁人跳下泥浆池的那口井在哪里？是哪一口井？/ 006

铁人第一次出国 / 029

大地上这颗 37 年的五角星记号，藏有怎样荡气回肠的城市故事？ / 032

《哥德巴赫猜想》中，有篇撰写铁人的文章《石油头》/ 037

一场相逢　一生难忘 / 041

《初升的太阳》被铁人搬了道岔 / 046

一路急行军：那年，那群远征的钻井工人 / 051

两个男人之间伟大的情感 / 057

肝胆相照："少活二十年"的搭档 / 061

魏钢焰写铁人：铮铮铁汉藏柔情 / 066

101 岁李德生院士三页手稿忆铁人 / 071

亲历者谈：《大庆战歌》诞生过程 / 076

铁人作报告，热满京城 / 081

尤靖波：铁人"五讲"真迹来历是这样的 / 086

第二辑　百年·铁人情

他们，在"铁人井"旁长眠 / 092

寻访：铁人一口井八代看井人 / 100

他用灵魂守护这片深情的土地 / 104

以文学的形式向铁人致敬 / 111

精神的巍峨，永远流传 / 116

"最早于1973年创作的一尊铁人雕像，伴随着我" / 121

李晨：画出我心中的王进喜 / 125

物证：纪念馆文物的幕后故事　叩击大庆历史星空的文博人 / 129

留驻23年馆内时光的人 / 134

24年：一个石油工人的"铁人情" / 138

"长大后我就成了你" / 142

《铁人长歌》为何如此火热 / 147

张子旭：丹青绘传承　珍品献铁人 / 153

两个"铁人" / 157

《铁人文学》十六年 / 162

肖铜：从"三个心结"看铁人爱国情怀 / 168

第三辑　百年·精神无疆

《石油工人硬骨头》——第一支歌颂大庆石油工人的歌曲 / 174

专家考证"铁人"跳入泥浆池那一天 / 179

那年春节让人振奋的"满江红" / 184

"石油找到了灵魂"——《大庆精神（铁人精神）镌刻在历史丰碑上的辉煌》主编访谈录 / 189

"铁人"四部专著新版　溯源石油精神根脉 / 197

铁骨诗情——从铁人诗歌看铁人精神 / 202

踏着铁人的足迹——文学视角里的"铁人精神" / 207

"五讲"如光芒，精神被点亮 / 214

肖铜解读：铁人跳下泥浆池那口井 / 219

"世界冠军要咱当"——王进喜首次公开发表的署名诗歌被发现 / 223

1923—2023！百年诞辰　百年巡展　精神永恒 / 225

物见铁人　守望百年——铁人王进喜诞辰100周年文物征藏综述 / 230

弘扬铁人精神　赓续精神血脉　打造中国特色一流纪念馆 / 236

为建设世界一流现代化百年油田提供精神动力 / 236

后　记　**纪念，是为了更好地前行**

开篇

铁人雕像前的对话

铁人雕像前的对话

连日来，一边深访，一边深思……

2022年10月8日，是铁人诞辰99周年。

自此，大庆油田党委将每年的10月8日设立为"铁人纪念日"，同时启动"纪念铁人王进喜同志诞辰100周年"系列活动仪式。

我们，在铁人王进喜纪念馆里，特别开启"铁人馆里话铁人"访谈节目，以纪念铁人诞辰百年！

纪念，是为了传承！

此时我们必将面对一个问题——作为最贴近广大百姓的纪念馆，如何做，才能真正找到精神传承与大众之间有效的对话方式？

这也正是近几年，大庆本土地域的一大批大庆精神铁人精神研究专家始终思考的问题！

此刻，我们回望

看见最美丽的月色，总是出自最荒芜的山谷——

看见1955年

青天一顶星星亮

一叶小木舟在松花江上

铁锤、罗盘、放大镜

一行找油人……

然后听见一座英雄城市初生时候的声音——那是新中国第一代优秀中华儿女蓬勃的热血青春，那是经过战火锤炼的老红军、老八路、老抗联们的赤子情深……

再看到的，是今天一代代前赴后继生生不息的"铁人群像"！

过去与现在，历史与今天，正璀璨交辉，犹如一条宽阔的河流，那里有精神背后隐藏的质地、品格和精神成长，形塑当下。

铁人精神正是"爱国、创业、求实、奉献"大庆精神的典型化、人格化，大庆精神、铁人精神已镌刻在中华民族伟大精神的丰碑上。

带着这样一种心绪

秋叶霞光中

不觉来到铁人雕像前

一句问候跨时空而至——

为什么，在您百年诞辰的时节，我们都要纪念？

因为，我们共有一个灵魂

因为，我们是您的后代

因为，这是大庆人始终喷薄欲出的内心语言

当初您一诺千金

宁肯少活二十年，拼命也要拿下大油田

如今我们更需要在祖国新的百年奋斗目标的新起点上

高举红旗，踏着您的脚步，迈向未来

就像"故事里的中国精神"

我们在这里讲述"故事里的大庆精神（铁人精神）"

我们写历史、写今天，写一代代"铁人群像"，尤其讲述您"跳下泥浆池"经典瞬间背后，那些并不全为人知，最具人性、温暖、党性、光辉的大庆故事。

最好的纪念，是传承。

而最好的传承，是懂得。

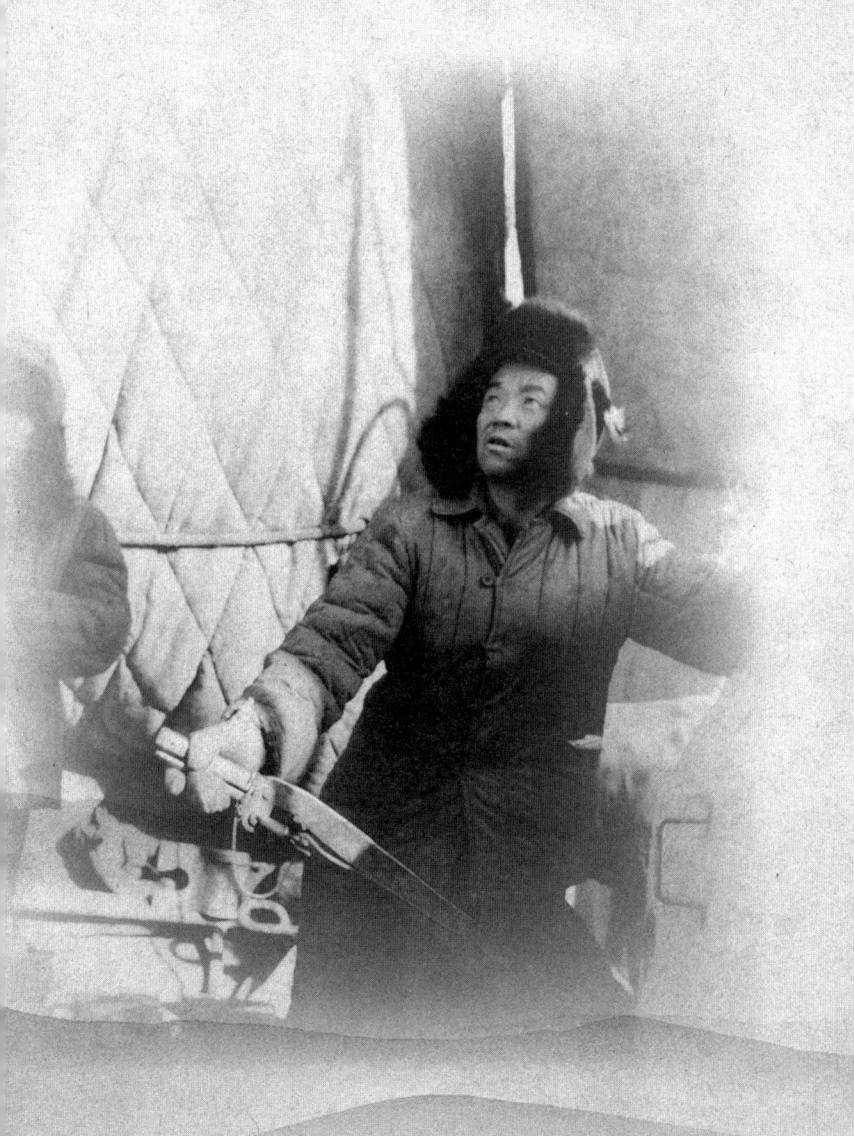

第一辑
百年·追忆

揭秘：铁人跳下泥浆池的那口井在哪里？是哪一口井？

2589 井，是铁人来到大庆打的第二口井。

1960 年 4 月 28 日，王进喜率队完钻"铁人一口井"——萨 55 井❶，身带腿伤的他参加石油大会战誓师大会，被领导发现，强行送他到医院治疗。

与此同时，他所带领的 1205 钻井队进军陈家大院泡，开钻第二口井——2589 井。躺在病床上的王进喜偷偷从医院跑到井场，正赶上发生井喷，铁人甩掉拐杖带伤跳进泥浆池……

铁人无私无畏的英雄壮举在这口井上凝固成了令人敬仰的永恒经典。

可惜的是当时所有人都只顾着投身大会战，并未留下相关资料。

直到 1964 年，《人民日报》刊发《大庆精神 大庆人》。从此，这个经典事迹才被全中国人甚至全世界人所知。

1965 年，上海海燕电影制片厂按照周恩来总理的指示到大庆拍摄纪录片《大庆战歌》，片中需要补拍铁人跳泥浆池的画面。最终通过宋振明做铁人的工作，王进喜才同意补拍镜头，再现经典画面。

所以后来我们看到的影视画面，都是补拍的镜头，补拍的地点也不是原地。

如今，半个世纪的时光过去了，2589 井也早已改了井号，少有人知道它后来的名字叫什么，致使铁人跳泥浆池的那口井，成了一个历史的谜题。

60 多年了，这口井现在到底在哪里？

---

❶ 萨 55 井是王进喜从玉门来大庆参加石油会战时带领工人们打下的第一口详探井，又被称为"铁人一口井"。

成长之痛——半个世纪的等待

在中国的河北，有一座小城叫隆化。走进城中——"董存瑞炸碉堡的地点"立起的标志牌，复原了中国一代代人的记忆。

"铁人跳泥浆池"，也一样，被全国人民知道；也一样，传颂了半个世纪；也一样，在中国人的精神领域永恒。

只是，如果哪一天，哪个来大庆的人问起，铁人这个标志性动作的坐标点，在哪里？

铁人的后代，今天的大庆人，能否回答得出？

其实，已不需深度阅读，只需在城市间穿行，就已深切感知，今天我们这座城市——文明的经络已成。

从承载着城市精神的铁人纪念馆到讲述这片土地身世的博物馆；从现代辉煌的歌剧院到世界一流的图书馆；从"铁人一口井"遗址保护到56处工业遗产的寻找……这座城市，正在走出现代文明初期的浮躁与困惑，走向成熟。

但是，这个进程中，为什么承载着铁人精神的"铁人跳泥浆池"的那口井，一直被遗忘在记忆深处？

或许，不是人为的淡忘，而是历史，使它成了一个谜。

但是，它不应被永久遗忘。

"文明的进程，是有秩序的。"美国人类学家摩尔根说。

这个进程中，经历成长的困惑，迷茫甚或是苦痛，都是自然的。但当城市文明的厚度在增高，自然就有了个体的觉醒。

自2003年开始，宫柯就无数次奔向荒原深处。他在寻找，在抢救那些被遗忘被荒废被丢弃在荒原深处的一些标志性功臣井。

他把三点定乾坤之首的钻井——萨66，从垃圾坑内挖出来；

他把中国第一口深井——丢失多年的松基6井找到了；

2009年，他又找到了一口井。

这口井，就是——"中7-11井"。找到中7-11井时——只见她锈迹斑斑

被弃荒野，只剩下一个拳头大的废弃井口。宫柯找到了相关部门，把这口井围上围栏保护了起来。

中 7-11 井，是"大庆油田第一口注水井"。

在 2009 年，一位老人，在编撰《大庆油田史》时，提到：中 7-11 井曾名为"2589 井"。

这不啻是个惊天的揭秘！

多少年来，几乎无人知道，2589 井在哪里？而 2589 井，正是当年铁人跳入泥浆池的那口井。

难道，宫柯从荒原深处找回的中 7-11 井，真的就是 2589 井？

一个月前，掀起这次大型追踪行动——揭秘铁人跳泥浆池的那口井。

一个月以来，电话打了无数，人员牵扯了无数，错综复杂，千丝万缕……每一个人，每一颗心，在共同参与、追踪寻找的过程中，都在为此而震颤为此而激动着……可以说，这是全体石油人的一次心愿追踪。

要说的是——

虽然，有关这口井的记忆，足足历经了长达半个世纪的等待，才从层层湮没的历史尘烟中被打捞。

但是，历经了半个世纪的等待，它还能被这片土地的人重新记起，这难道不是另一种奇迹？！

或许，这只是一座城市在文明的进程中，自然要遭遇的"成长之痛"。今天，它终于被重新记起，是因为我们这座城市已经达到了一定的高度，城市内在的肌理、城市的文明触觉才会如此遍及渗透，也才有机会把这样一段隐藏的历史钩沉……

所有的这一切，都将回答着一个问题：一座城市文明的成熟阶段，已来临。

1960 年的那次井喷，让世人记住了铁人王进喜。王进喜带伤跳进泥浆池，用身体搅拌泥浆，这个情景被定格在了历史记忆中。

半个世纪过去了，怀着对铁人的敬仰，怀着对历史的尊重，开始有人去寻找铁人跳下泥浆池的那口井。

寻访、调查、考证，越寻，越激动，越寻，也越明朗……

揭秘（之一）

铁人跳下泥浆池的那口井"2589 井"与"中 7-11 井"

【起因 一个偶然的"发现"】

张自竖，一位 75 岁的老人。

笔者几经辗转，见到这位老人时，老人先是一震，继而是长久的激动："终于有人问起这口井了……我知道，一定会有人追问这个谜底的，所以，我觉得十分有必要在那本书上写上那么一笔。"

"那么一笔"，正是掀起此次追踪行动的起因。

这其中，要谈到一个人，宫柯。

在见到张自竖的前一周，笔者是在宫柯的办公室里。当时，他手中拿着一本书——《大庆油田史》。

在书中第 53 页，写有这样两行字："……领导知道后，把他（王进喜）送进医院，他又从医院跑到第二口井 2589 井（后改为中 7-11 井），该井就是大庆第一口生产井，也是第一口注水井……"

只有 50 几个字！却让人瞬间震惊！被震动的是括弧里的备注"（后改为中 7-11 井）"。

如此说来，现在位于陈家大院泡的"中 7-11"井，就是"2589"井？

"2589"；

"中 7-11"；

分别是两个油水井的井号。这两个井号都诞生于 50 多年前的大会战前夕。

只要对铁人有所了解的人，就都知道，"2589"井正是当年铁人跳泥浆池的

那口井。但是，50多年以来，从来没有人提起过，这两个井号之间会有某种联系，更从来没有人把这两个井号的命运，联系到一起。

今天，忽然有人提出——"2589井"就是"中7-11井"，"中7-11井"就是"2589井"。

"可能吗？""会是吗？"

一个关键的问题不容置疑地摆在了面前——如何来证明：中7-11井就是2589井演化而来？

证据！唯有证据。

本能的第一反应，笔者马上想到——去找作者，他应该知晓事实真相！翻看《大庆油田史》，上面写着："大庆市委党史研究室出版"。

【追踪】

镜头一
张自竖：翻遍50年书，无"2589井"的后来身世

时永发，已近耄耋之年，被誉为"城市活字典"，至今依然伏案苦写，倾力修志（市志）。有人敬赞老人："关于这座城市的身世，他是权威的。"

"这口井在哪，我还真没听说过。"

老人慎重地思索了半天，摇摇头回答。

"要追查此事！"老人忽然很激动，"这事很重大。"少顷，老人忽然想起了什么，重重地说："这事问张自竖。"

张自竖是谁？不是很清楚，但只要有一丝线索，就不应放弃。从时永发处得知张自竖的联系方式后，电话打了一天，却无人接听。

"还是找那位作者吧！"第二天一早，笔者径直来到大庆市委党史研究室。

"支持！"副主任林彬听完来龙去脉，激动地抛出这两个字。林彬说，媒体担当起此事的追踪，就一定有希望了！

林彬的下一句话，就令笔者无比惊喜了，因为他说出的作者名字，正是张

自竖。

正如本文开头所叙，在林彬的帮助下，笔者终于得见张自竖老人。

张自竖，是老地质人，1960年就参加大庆油田地质工作。2009年，大庆市党史研究室筹备撰写《大庆油田史》，张自竖受邀成为主要撰写者之一。

张自竖曝出一个不为人知的经历：在编写《大庆油田史》前，他几乎查阅了所有关于铁人的书籍。他发现了一个重要的"事件"。

"所有这些书里，几乎都谈到了一个叫'2589'的老井号，但没有一本书中提到'2589'井现在井号叫什么，现在是哪一口井，具体位置在哪里。"

"这怎么行？要给铁人的后代一个交代！"

为此，张自竖曾一个一个地去找那些撰书的作者。

但是，被问到的作者，都茫然地摇头。"因为不知道，也都不敢更改，50多年来，就这样按照最初史料记载的'铁人打的第二口井2589'，被记载下来。"

50年，"2589井"成了一个越来越难解的谜。

问题的关键是，张自竖又是如何知晓这个秘密，如何知晓现在的"中7-11井"就是当年的"2589井"呢？谜底，是不是马上可以揭晓了？可老人的回答，却让事情更显错综纷杂。

老人说，即使在前些年，能够知道这口井这个身世的人，在大庆也不会超过三人。因为只有在1960年搞井位设计的人，才能知道。

老人说，他也没有亲身经历过当年这口井的钻探，也不知道这口井后来的身世转变。"但是，如果再等一些年，老一代都相继去世了，就更无从确认了。"

张自竖老人越发意识到此事的重要性，他开始四处寻找一些当年能够了解此事的老人，多次追问此事，有老人凭借着记忆，认为应该是"中7-11井"。

为此，张自竖郑重地在"2589井"后加上了注释"（中7-11井）"。

或许，张自竖更深层的目的，就是希望有一天，能够因这个备注，而引起关注吧！

"50年的时光不长，但50年的历史尘烟足以将这个特殊的城市记忆湮没，这口井的意义对于大庆来说，是不可替代的。要想让一代代大庆人信服，必须

要有一个更科学更有力的佐证,来重新认定。"走出张老的家门,老人殷切的话语,还回响在耳边。

镜头二
从中 7-11 井找突破口

更科学更有力的证据!

一时间,笔者茫然了。

"从中 7-11 井找突破口。"张自竖老人的话,响在耳旁。

对!

"2589 井"像一个远逝的梦幻,但中 7-11 井,却真实地存在,应该从此处找突破口。

第二天下午,采访车停在了中 7-11 井处。

午后的阳光,静静地飘落——如今坐落于陈家大院泡的中 7-11 井,被包围在众多油水井中,略显特别,她被一个白色的围栏保护起来了。

关于这口井的身世,可谓跌宕起伏。

中 7-11 井,大庆油田开发建设史上的标志性功臣井,是大庆油田第一口注水井,是大庆油田的开发井,说它是大庆油田累计生产 20 多亿吨原油所有油水井的鼻祖,最恰当不过。

但是,2003 年,中 7-11 井因工程报废,默默地退出了历史舞台,渐渐沉寂于荒野。

2009 年秋,历经了两年的寻找,宫柯终于在一个农家菜园中的荒草丛中找到了她。找到她时,只剩一个碗口大的井帽子,锈迹斑斑掩埋于荒草丛,曾经的采油树早已被锯断不知所踪。

值得欣慰的是,当采油一厂的人听宫柯说明这口井的特殊意义后,赶紧把她围上围栏,保护了起来。

"真的?你说的是真的?!"

308 队(中 7-11 井位于采油一厂第三油矿 308 队)年轻的书记刘学文在电

话里听完笔者的来意,着实惊讶不已,继而兴奋起来:"如果这口井真的是铁人跳泥浆池的那口井,那是我们队的荣幸啊!"

5分钟不到,刘学文带着两个人,风风火火直奔井场而来。车焕国,是在这里工作了大半辈子的老工人,他黑红的脸略显茫然,摇着头:"从未听说过……"

此时大家又把目光聚焦到另一个人身上——75岁的老石油人王定祥。

"不可能,绝对不可能,我1961年4月就在这口井上参加注水试验,从未有人说过这口井就是铁人跳泥浆池的那口井!"

不容置疑的话,让最后的一丝希望也即将破灭。

王定祥的话,无疑是一个打击。有那么一瞬,笔者几乎失去了信心。"难道,真的弄错了?"

"有中7-11井的井史吧?"失望之余,笔者问。

"对,查井史!"话刚出口,刘学文的电话已经打到了队里。笔者几个人赶紧赶回308队。

但是,细细查,一遍遍查,中7-11井的井史上,都只字未见有2589的踪影。"看来,是弄错了。"大家叹息着说。

就在笔者一筹莫展时,宫柯打来了电话,这些日子,他一直关注着此事的进展。笔者向他叙说了这一切。宫柯说:"去厂地质大队查井史,那里会更详细。"刘学文一听也很高兴,赶紧帮忙联系厂地质大队人员。

管理这项工作的,是一个更年轻的石油人,笔者只知道称呼他为小董。小董听说这件事惊奇万分也热情万分,一迭声地说:"现在就找,马上就查。"而此时,已是接近下班的时间了。

20分钟过去了,半个小时过去了,小董的电话终于打来了。他说,他是从厂计算机井号库里查找的,一直追查到1960年,追查到中7-11井最原始最原点也就是最极限的井史记载,但是所有记录显示都是中7-11井,没有丝毫2589井的踪迹。

落日余晖中,笔者告别了几位热情的石油人,告别了中7-11井。中7-11

井，你和2589井，到底是个美丽的误会，还是真的有某种联系呢？

十几天的追踪寻找，到此刻似乎陷入了僵局。

【物证】

"2589"是一个什么代码？"中7-11"又是一个什么符号？这两个诞生于半个世纪前的"数字代码"，为何在50年后的今天，引发一场"轩然大波"？掀起一场大型追踪行动？

揭秘（之二）

铁人跳下泥浆池的那口井"乳名"和"大号"

镜头三
"三老"的多年追寻……

一个陌生的电话打来。"那是现场、是实证、是物化的精神……要找到她……"对方很激动，无一句寒暄，直接"点题"。

"您是？"笔者问。

是刘仁（大庆精神铁人精神研究所常务理事），他在大连女儿家，不知怎么听说了此事。

刘仁说，这些年，他一直没有停止追问这口井下落的脚步。"我所知道的情况就是这口井一定是铁人来大庆打的第二口井，井号就叫2589井……"刘仁的来电，令笔者有柳暗花明又一村的惊喜。

"媒体担当起这件事的追查，就一定有希望了！"话语里，是深长的如释重负后的感慨。说这话的是马英林教授（大庆精神铁人精神研究所所长）。

与刘仁通完电话后，笔者随即找到了马英林和孙宝范（《铁人传》作者之一）。

两个人都极为感慨。他们说，这几年他们一直在不停地寻找，也曾多次去过陈家大院泡。"50年，一切都有着翻天覆地地变化了，踪迹难寻……"

"铁人跳泥浆池被盛赞为'最震撼人心的时刻''民族精神上升的图腾'……"马英林说，"世人皆知这口井的传说，一定要找到她！"

"如果找到，我的意见，那口井应该变成一个大型的教育基地，做成跳泥浆池的塑像……"

——继续找，一定要追踪到底！

镜头四
许万明：否定中7-11井

孙宝范提到了一个人：许万明，铁人的徒弟，当年与铁人一同跳下泥浆池的人。第二天一早，采访车就直奔许万明的家八百垧方向而去。一路上，司机小朱也激动地说："要是真找到了，我也为这口井的寻找贡献了一点力量啊！"

多么可爱的话语。

到了！

许老的目光悠悠地掠过头顶湛蓝的天空，似乎在努力追忆着曾经的清苦岁月。老人最终摇着头，走过了中7-11井，奔向离她不远的另一口井而去。

另一口井中7-111，老旧斑驳的井身，裸露颓败的黄土。许老注视着这口井，说："应该是它，我记着离公路很近……不是那一口（指中7-11井）……"

许老的这一句话，轻轻地说出口，笔者听来却重重又重重。到了此刻，笔者终于明白，追踪这口井，远没有想象的那么简单。

最终确认，许老指认的中7-111也不是。刘学文查了井史，此井开钻于20世纪80年代，时间不对。

总是这样，在近乎绝望的时刻，"灵感"会突然迸发而出。就在当场，笔者拿起电话拨打了采油一厂宣传部的电话。

通过宣传部，笔者接通了采油一厂总地质师隋新光的电话。

令笔者倍受鼓舞的是，隋新光对此事极为重视，他正在外地，但表示回来后马上着手协同追踪此事。

镜头五
这是一次感召，这是一种仪式

又是整整一星期过去了。这一天，陈家大院泡热闹了起来。五位年近八旬的老人，来到了这里。五位老人，都是许万明约来的。整整一周的时间，许老一直在奔忙联络："等等我，我把当年的老伙计们都叫来，大家来共同认一认……不能放弃啊……"

钻井二公司离退休办主任王友特意安排车把老人们送到了这里。

每一颗心，都在为此而期待着。陈家大院泡，方圆多少里不清楚，但这里荒原一片，油水井密密麻麻……老人们钻进了芦苇丛中，钻进了葵花丛中，讨论着，追忆着，回望着……

"……50年的变化太大了，原来的痕迹一点没有了……"当年的副司钻、76岁的张全说。尽管老人身体还好，但也已步履蹒跚，他不顾笔者劝阻，硬是钻进杂草牵绊的芦苇丛中，向南寻去……

孙春德眯着眼望向远处，喃喃地自语："铁人来大庆打的第一口井是萨55，第二口井就跳了泥浆池，我们都记得是2589井，井口上写着呢，井号编号就是2589……可现在哪有影呢……"

75岁的杨天元（当年与铁人一同跳下泥浆池）走着走着，忽然背对着众人向葵花丛中而去，在一个井号为中701-斜315的老井旁站住了："我怀疑这个就是，离水边近，离老百姓住的村子不远，当时叫杨四村……"

任荣汉老人也认为是："记忆中是挨着公路，一直连通到二号院的❶，中7排公路……"老人们都环围了上来，围观着这口井号为701-斜315的老井旁，一切迹象都感觉很像……

---

❶ 二号院是大庆石油会战指挥部主要领导办公、住宿的由五栋土坯房组成的四合院的别称，也称"文化大院"。

许万明却否定了:"2589 井离公路没这么近,离后面杨四村半里路,井的东边是水泡子……最关键的,是咱们那口井(2589)在高岗上……"

一行人又转回头,回到了杨四村北面来,在中 7-11 井前,老人们停了下来……"开完万人大会,来这里的,5 月 12 日完钻,日期对,又在高岗上……"

整整一下午,老人们围绕在陈家大院泡方圆数公里转来转去,走向苇荡深处,跑向老井身边……

笔者跟随着几位老人,守望着他们寻找的身影,追逐着他们蹒跚的脚步——50 多年的殷殷时光,半个世纪的漫长岁月……于这些老人,这像是一次聚会,一次感召,这是一种仪式……

就在此时,隋新光的电话打来了:"找了一星期啊,没有希望啊……"

一个电话,再次将所有的希望都击碎。

镜头六
峰回路转:查访中 7-11 身世

第二天一早,笔者即赶到了采油一厂办公楼。

一直没有结果,隋新光陷入了沉思。是的,连日来的追踪,到现在依然是个谜,迷茫一片,事情没有任何大的进展,这不能不让人感到无望。

王永富这时给他打来了电话:"隋总,在 1205 钻井队查到了一个'萨 2589'字样,但只有这么个字样,除此再没有任何别的解释……"

又有了一线希望!

忽然,隋新光站起身来,说了一句:"去档案室。"

一行人来到了"大庆油田第一采油厂档案馆"。

"从油田开发第一口井到现在一万七千多口井的档案都有……"档案室主任李志江介绍。

"把 1960 年(王进喜打的)所有的单井档案都调出来……""不对,先把中 7-11 井的单井档案拿出来……"隋新光说。一时间,大家都被他急切的话语逗笑了。是呀,所有的人,都是这么迫切这么渴望找到他。

"队长王进喜、地质员王志义……"隋新光轻声读出来。

就在标有"松辽局三探区第一采油指挥部档案"字样的封页上,"队长王进喜"赫然在目。"这么说,中7-11井正是王进喜打的!"一旁的小张说。

再往下看,隋新光忽然低声喊起来:"这口井,真发生井喷了,打到萨尔图油层时泥浆泵故障导致井喷……"

"井喷!"在此时此刻的特殊情境中,成了一个振奋人心的发现。霎时,大家全都围了上来,隋新光手中拿着的那一页,正是中7-11井的"完井报告"。"所谓完井报告,就像一个人出生时的报告,接生员接生完毕(交井)时的汇报……"是希望!还是再次的失望?

镜头七
档案揭秘:中7-11井正是2589井

就在刚才,隋新光带着大家向档案馆走来的时刻,谁都没意识到,这正是走向揭开谜底的那一刻……

正当大家期待着下一瞬间有奇迹出现的时候,笔者忽然接到宫柯的电话,他正带着一个人赶来采油一厂。

这个人,名叫周望。1960年是周望大学毕业前一年,就在2589井上实习过。"对这口井的身世,这位老人就是见证者。"宫柯在电话里大声地说。

"有见证者了!"一个天大的好消息。

"找到了!找到了!果然是!果然是!"几乎在同一时刻,隋新光举着一页档案,掩饰不住兴奋大声说道……

好消息,就这样令人猝不及防地接踵而来。

每一个人都睁大着眼睛,凑上前去细看,在中7-11井的测井报告那一页上,"2589"的井号赫然出现了——

"测井曲线和试油都能证明是2589井,物探、包括地球物理分析资料都有2589井的字样,而且,7-11井和2589井同时出现……"

再没有比这更科学更有力的证据了——到此刻,已经可以揭秘了——中

7-11 井，正是"2589 井"！中 7-11 井就是铁人跳泥浆池的那口井！

"应该记住这个激动人心的时刻！"有人赶紧时间看日期。

"找到了？"宫柯和周望两人边大步往这边走边大声问询着。

"找到了！"所有的人都不约而同地回答。隋新光、宫柯、周望，三位石油人再次坐了下来，一页页翻看着中 7-11 井的档案，他们的神情越来越认真，越来越投入，越来越凝重……

谜底，就在三位石油人的认真解读中，被揭开了。

镜头八
50 年后——揭秘 2589 身世之谜

解读中，档案室的气氛暴热起来，热烈的讨论，甚至带有"激烈的争辩"……三位石油人带着不可抑制的兴奋心情，开始揭秘 2589 的身世。一个又一个令人不解的谜底，被一一揭秘——

一：2589 到底是怎么来的？

周望："25"是横坐标，"89"是纵坐标，那时候开发区的井刚开始打，就各取纵横坐标的两位数来命名井号。

隋新光：似乎还不是，即使是，也不是大地坐标，不是按照经纬度来命名的，而是老坐标系，是最早的国家第一代坐标，是相对于西安为零点的坐标……

二：当时为什么要取个名字叫 2589 井，为什么没有直接叫中 7-11 井？为什么后来又改名中 7-11 井呢？

宫柯：从资料上显示，这口井 5 月 8 号开钻，12 号完钻，13 号完成施工总结。1960 年 6 月份的资料上，2589 与中 7-11 两个井号就同时出现了。但是，自 1960 年 8 月 8 日以后，整个资料显示就都是中 7-11 井了，2589 井号再也没有出现，淡出了历史舞台。

这样看，从 5 月 8 日到 8 月 8 日，2589 井号只存在了 3 个月的时间。

这样看来，当时的大背景是——松基三井喷油发现了大油田，对于这个大

油田如何开发,当时的决策者决定在中区开发试验区,这里就是大庆油田最早的试验区,而这口井是试验区首试的第一口井。

作为第一口井,由于当时大会战上得又急又快,在正式方案(正规的井号编排)没定之前,它就开钻了,就用2589这个代号先打了这口井,这就是2589的来历。

后来正规方案形成,又改成了中7-11这个名字。就像小孩刚出生,没名字,排行叫"老二",后来上学了就改成了大名……大家开心地笑起来:"原来,就是乳名和大名之差啊!"

三:为什么大多数人都不知道这个秘密呢?

周望:这口井完钻的通知已经下来的时候,还叫2589井号呢,那时1205钻井队的工人们已经钻完了这口井,转战其他战场,根本不知道他们钻探的2589井后来改名叫中7-11井。

宫柯:这里面还有个什么原因呢,对于大庆油田开发初期的很多事情,只有1960年上半年来的同志,并且是搞地质的人,才会知道,何况这个井号存在的时间如此短。后来当初了解这件事的人,又陆陆续续离开了大庆。

隋新光:"把中7-12井与中7-10井的单井档案也找来,看看中7-11的两个邻居。"

"果然如此,两个邻居的原始井号就是正规井号,没有'小名'。"

"这就是说你(中7-11井)的哥哥叫中7-12井,你的妹妹叫中7-10井,都是正规井号……""再把6排的单井档案拿来……""果然还是!"

可以说,整个试验区,2589井是先行者,是首试井,是第一个……

——难怪2589井是个难解的谜啊!

宫柯:现在完全可以得出一个结论:她有三个第一:她是大庆油田开发试验区第一口生产井;她是大庆油田第一口排液井;她是大庆油田第一口注水井。她正是铁人跳泥浆池的那口井。

50年，整整半个世纪的等待！

找到了！证实了！

近一个月的追踪、寻找，呈现在读者面前的这篇文字，哪及得上现实寻找艰难之万一，怎么可能写尽其中之曲折……

然而，所有的辛苦，在这一刻都化为幸福流淌。

此刻，我们眼含热泪望向我们英雄的城市，轻轻地告诉她：50年！你整整等待了半个世纪，你一定知道，我们，铁人的后代，一定会把这样一个你期待的结局带给你……

一口井，一座城市的精神圣地。

无论这座城市走得多远，她都是城市子民永远回望的起始点；无论这座城市走向怎样的辉煌，她都是这座城市区别于另一座城市的精神"DNA"。

还是以宫柯的两句话结束此次追踪吧，他说：以石油文化建市的大庆，不能没有标志性的文化载体，这些老遗迹，就是城市物化的精神载体，她们就像一个个坐标点，串成了大庆油田发展史……

他说：大庆油田50年的辉煌历程，不应只拥有文字的记载——寻觅这些遗迹的诞生地，保留她们的原址，沐浴她们的光芒，感受她们的足音……这是石油人骨肉相随的心愿。

揭秘（尾篇）

铁人跳下泥浆池的那口井

对话宫柯——

让"第一代功勋井"重回记忆中来

在我们今天的这座城市里，越来越多的人开始知道有一个叫宫柯的人"找井"的故事。

宫柯，一位石油文学纪实作家。2003年开始，他成为第一个奔向荒原，寻找老井的人。

或许，"大庆老井"的命运，会在这次与宫柯的对话中，找到些许思路或答案。

宫柯"找"井

【值得提一笔的是，就在此次采访中，笔者在市博物馆巧遇一位老专家——天津自然博物馆馆长孙景云（已退休）。

老专家不疾不徐地对笔者说了这样一段话："一个国家，一个民族，一个区域，在每个历史时期都有它的主要矛盾和主要任务。前些年，大庆关注的是石油经济指数的增长，这是自然的。随着城市的发展，对历史文化发掘和保护认知的提升，又是必然的。但要认识到，这种认知，必要经历一个觉醒的过程。"】

笔者：我们想知道，最初是什么触动了您的"觉醒"？

宫柯：我应该"纠正"一个被大家误解的认识——不是"找"，这些井就在那里，尽管它们有些被埋，"丢"了，但也只是被人们从记忆中淡忘了，我只是让它们重回到人们的记忆中。

现在说起来，这的确是一个"觉醒"的历程。2002年，我开始着手创作石油纪实文学，要经常性地去北京，去全国各大油田，走访面见那些当年在这片土地上创业的老石油人老领导们。每次见面，总有老人问起"那些老井"。

"那些老井怎么样了？""松基一，还在吗？"

"松基二啥样了？"当时，我就在疑问，为什么他们如此牵挂那些老井？

这些老人回大庆，拖着天暮之年的身体，也必要我带着去看看老井们。

……每次我都被深深触动，落日苍茫，映照在老人老井身上——我说不出他们心里有一种怎样的心绪翻腾，但我知道，那些老井，就是他们心底的圣地。

那时我就想，一座城市真正让人留恋的理由是什么？

后来，我创作报告文学《奠基石》。我这个人的特点是比较较真，不愿人云亦云，就到实地考察。也就是从那时起，我开始一日一日觉醒，一天比一天读懂了老井：这些大庆第一代功勋井，作为生产价值，它们已经完成了自己的使命，但是，作为深远厚重的文化价值，还尚待开发。

而且，它们无可替代，是我们城市成长史里程碑式的"物证"，不可再生。

有了这样的认知，我不可能不去关注它们。

2003年，我就开始了拜访老井的历程，去解读每口井身上承载的历史人文故事。就在拜访的过程中，我震惊地发现，有很多老井都湮没在岁月的更替中，有的被掩埋，有的被弃，有的已经找不到了……

笔者：目前为止，您"找"到了多少"丢失"的老井。

宫柯：印象最深刻的，也最具有代表性的，有三口井。这三口井的寻找，都历经了长达几年的漫长时间。原因是，它们都"丢失"很多年了。

萨66井，三点定乾坤之首钻井，被深埋在一个大垃圾坑内，踪迹全无了。最终是在采油二厂的协助下，利用GPS定位仪定位，把它找回（现在已被采油二厂保护起来）。

中7-11井（2589井），当年我找到它时，只剩下一个拳头大小的井口帽子，被弃在老百姓的菜园子中（现也被围上围栏）。

松基六井，如今还在胜利村附近一个破旧的厂房后，无人问津。这是一口在大庆油田史乃至中国工业史上一个无以替代的重要老井，是中国第一口深井，也是亚洲第一口深井。但是目前知道这口井的人，寥寥无几。

老井命运何去何从？

【"我的观点：这些带有文化遗产性质的，带有油田历史坐标性质的重点井，首先应该统统列出来，相关专家人士坐在一起，来认定它……"

"……光一个松基三井在那熠熠生辉不行，因为它不能代表整个历程，那只是一个起点，我们不能只看起点不看历程……"

"石油文化怎么体现，就应通过这样一个个点串起来，形成一串的坐标点，让大家来到这座城市随处都能看到爱国主义、英雄主义这种强烈的符号刺激……"】

笔者：是什么原因导致如此重要的"文物"和"实证"被忽视甚至无人问津？

宫柯：不应该去责怪谁，我们也没有任何理由去责怪谁。就像我对老井的关注，也是从最初的毫无感知到觉醒的历程。

就拿被重新认定的2589井（中7-11井）做例子，导致它被弃荒原的一个最重要的原因，是因为它被改了井号。

很多老功臣井遭遇被弃的命运，大多源于此。就像一个人改名后，在户口上没加曾用名，很难关联起来。

年轻的一代石油人很少有人知道它们过去恢宏的历史，对于一口报废井，肯定不会理会。

只是人们没有意识到，当我们不再管理，它们将遭遇怎样的命运。

无人问津的中 7-11 井，在几年的时间里，庞大的井身被人为破坏、锯断，才使得它在我们的视野中失去踪影。

当时我找到这口井时，内心掠过一种悲凉，这样一个将会使大庆人代代得到精神陶冶的老功臣，却被弃荒野，没人解读她，老百姓更不知道她的价值。

如果没有找到她，再过若干年，很有可能从此坠入历史的苍茫，永久的消失。如果是那样，我们失去的岂止是一口报废的老井！

如果她丢失了，那么作为2589，作为诞生一个英雄的缩影的这口井，将成为世人永远的遗憾……

一口井，一座城市的精神圣地。

铁人跳下泥浆池，铁人精神的迸发点就在这里……仅此一点，这口井就当之无愧让全国人甚至全世界的人肃然起敬，她就足以成为一处名扬天下的景观。

我们现在必须即刻觉醒，必须认识到，是不是还依然有这样的老井老遗址老遗迹，正在我们的视野里渐行渐远，直至消逝……

现在觉醒还来得及。

笔者：经年长久的关注，对老井的命运，您认为其该走向何方？

宫柯：我的观点：这些带有文化遗产性质的，带有油田历史坐标性质的重点井，首先应该统统列出来，相关专家人士坐在一起，来认定它的意义。

然后，深度开发、建设。开发每口井的文化价值，把它们打造成独特的历史人文景观。

之后怎么办？按照油田勘探开发史，按照年代史，一个个点串起来，形成一串的坐标点，让它们成为这座城市一个系列的石油诞生史的线路景观……

笔者：这样做的意义？

宫柯：因为它们是实证，是实物。

历史最需要实证，而不是旁证。

文字记载，图像说明，都无法与其相比。中国的长城很伟大，但如果它只存在于历史文献中而我们连一块长城的青砖都触摸不到，再伟大也要大打折扣。

对我们这座石油城市来讲，我们既然把石油看作是我们的根性文化，那么

这种文化就一定要有载体。如果没有载体，人们就很难感知和传承。

最具力量的载体，当之无愧就应该是这些实物。就在原地，具原始状态，具直观性的实物……

深度开发它所承载的文化价值，包括它所代表的那个时代的科技水平，它所蕴含的人文精神……

展示给世人。

如果那样，所有来大庆凭吊大庆英雄业绩历史功勋的人走到这里，都会肃然起敬！都会在瞬间就解读了"什么是铁人精神"：因为他们亲眼看到了"就在这样一片荒原上，就在这个点上，诞生了铁人这样一个人。"

还有什么比这更直观！这就是"物化了的精神"。

物证

50年，2589井"回来了"，重回了人们的记忆中。

一页篇章，一页尘封于历史扉页上的篇章，注定要在此刻被打开，由此而带来的种种思考，深深关注，注定不会是擦肩而过——

石油人不禁长久回眸：还有多少同样身份的功臣井被遗忘于荒原？

大庆人不禁深深思索——它们，这些具有地标性，具有时代的断代性，具有重大影响意义的"老井"；它们，是这座城市诞生壮大的根系，大庆油田发祥的源头，应该让这一代大庆人，重新拾起记忆。

让"大庆第一代功勋井"重回我们的记忆中来吧——

【物化了的精神与一座城市】

与宫柯的对话，似乎是结束了。

然而，我们都知道，关于大庆石油工业遗产的关注，这只是一个开始。

大庆——中国最大的石油城；

大庆油田，中国石油工业崛起的奠基石。

不仅仅是"大庆第一代功臣井"们，所有承载着那段恢宏历史的遗址、遗产、遗迹，包括老设备、老装置、老电机等重要文物，都应进入我们的视野。

就在现在，它们有的正在消失，有的已经消失——20世纪60年代，大庆建了几百座地下转油站，现在一座都没有了；1963年以前的干打垒，现在也找不到了……抢救、深度开发……这是我们亟待关注和思考的问题。

值得关注的是，2007年以来，大庆市抢救并最终定位省级、市级和国家级的工业遗产已有56处。大庆石油工业遗产保护，遥遥走在了全国的前列。

不仅仅是宫柯，2005年以来，大庆博物馆馆长张凤礼一直奔走于大庆石油工业遗产的保护上。采访时，张凤礼由衷地高兴："其中辛酸很多，但我们做得来劲，做得开心，56处工业遗产的确定，是大庆市社会各界人士共同捧出的一颗拳拳责任心。"

"但是——"张凤礼说："我们的发掘和保护还只是初始阶段——快速推进石油工业遗产保护，是现在亟待需要的，因为我们现在面临的迫切问题，首要是'抢救'。"

如何快速推进？那就是，需要一种覆盖全社会（全大庆）的力量和热情，需要一种覆盖全社会的意识觉醒。

覆盖全社会的热情！那是一种责任。

新闻人的责任意识，应该走在前。

值得书上一笔的是，"掀起大型追踪行动——揭秘铁人跳下泥浆池的2589井的时刻"和"大庆第一碑"的抢救性追踪也正在进行时。在这之前，也就是2000年，《大庆晚报》连篇发表文章"风雨飘摇二号院"。也正是在媒体的疾呼中，二号院得以保存，并建设开发为现在的大庆油田历史陈列馆。

宫柯、张凤礼、大庆新闻传媒人、市委市政府、油田企业，包括你我他，包括这座城市正在关注此事，正在为此努力的各界人士……

不管怎样，我们在认真的觉醒中，并在努力的抢救中。

不管怎样，大庆油田工业遗产保护，都将在现在以及未来很长的一段时间

内,成为我们的"最关注"。

大庆石油工业遗产,承载我们城市历史证据的实物、物证。

"物证"——它绝不是我们这座城市精神上的一段曲线,也绝不是城市版图上的一段记忆,它是城市成长史的记忆,是城市千年不变的恒久魂魄与根脉,这就是"物化的精神"与一座城市的关系。

如果没有,如果缺憾,那么,我们是否缺少某种意义上的文化厚度和精神主轴,我们的美丽中是否埋藏着遗憾?

铁人第一次出国

在一次去拜见《铁人传》作者孙宝范老人时，他告诉了笔者三张照片的故事。

三张照片的编号分别是：编号 0524001、编号 0524002、编号 0524003。与此同时，又联系到了照片中的当事人陶冰华老人，印证了故事的真实性。

故事，由此展开——

铁人在国外做报告

孙宝范老人说，1991 年 6 月、1992 年 8 月，写作组两次去西安长庆油田采访，时任长庆油田党委副书记的李云同志，他曾是铁人的领导，又是战友。

在采访中，李云特别谈了 1966 年他带领铁人王进喜、家属标兵陶冰华到阿尔巴尼亚访问的特殊经历。这次经历，就是这几张照片背后的故事。

据李云讲述，1966 年春夏之交，阿尔巴尼亚工矿部邀请中国派一个代表团去帮助他们搞巴托斯、钻林两个油田的设计。石油工业部领导决定大庆派一个小组，随团去介绍大庆的经验，讲讲大庆精神。工委决定派铁人王进喜、家属标兵陶冰华去，由李云负责带领他们去介绍经验。

代表团于 6 月 4 日登机出发，6 月 13 日到达地拉那，在阿活动 50 余天。

王进喜和陶冰华的任务就是到各地做报告。铁人做了认真准备，基本上不用拿稿，用中文讲，翻译给翻成阿语，每场报告都引起"乌拉乌拉"的欢呼声和热烈的掌声，很多阿方朋友请他合影、签字留念。他还学了几句常用语，在结束时用阿语讲上几句，显得很亲切。可以说，铁人很好地完成了这次出国任务。

这次出国，李云和铁人朝夕相处了 50 余天，对铁人有了更深的了解，印象

最深的有两件事。

一个是铁人对阿尔巴尼亚实现了"全国每人每年半吨油"反应强烈,超出李云的想象。有一天,在参观中阿工矿部长在介绍情况时说,阿尔巴尼亚有180万人口,现在每年生产石油近百万吨,做到了"平均每人每年半吨油",王进喜听完大为震惊。回来时对李云说:"我国是个大国,虽然整体工作做得好,产油量不断上升,可按人口平均就太落后了。我们一定要树立雄心壮志,做好工作赶上去!"

以后他在多种场合讲到这个问题,一讲就很激动,表示一定要下决心达到"全国每人每年半吨油"这个目标。从此这个"半吨油"就像那个"煤气包"一样成为他前进的一种思想动力。

铁人写了一首诗

另一个让李云印象深刻的是,有一天晚上在达耶奇旅社休息时,王进喜拿出一张纸说:"我写了一首诗,你给我看看,帮我改一改!"

诗如下:

崇山峻岭万年青
从马克思、列宁到毛泽东
领袖铜像大家铸
红心向太阳红又红

当时,李云很是震惊,也听说过铁人写过诗,但真正面对面看他写的诗,还是第一次。

当时,李云问他是怎么想出来的。铁人说,这是从大庆出发一路上换乘飞机、参观红场列宁墓,又看博览会,特别到了阿尔巴尼亚,看到了阿国人民对本土领袖和马克思、列宁、毛泽东的热爱,一点一点有了感想,就记下来了。

他这样一说，李云马上意识到铁人能写出这几句诗也不奇怪。

他们一行 6 月 4 日出发，途经伊尔库茨克、莫斯科、布达佩斯，在莫斯科待机 3 天，参观了红场，拜谒了列宁墓，看了工业展览。在参观过程中讲解员和中国驻苏联大使馆工作人员讲了列宁领导十月革命，在世界上第一个建立了马克思、恩格斯所说的社会主义国家，同时还给中国送来了马克思主义、列宁主义。

在匈牙利首都布达佩斯待机两天，他们一行参观了世界万国博览会，匈牙利人民很友好，见了就拉住说"郭沫若""毛泽东"！博览会上，中国展厅和那些欧美国家展厅一样，展品丰富，参观的人络绎不绝，热闹非凡。铁人看了非常高兴。

他兴奋地说："我们国家就是伟大，在党和毛主席领导下，发展的就是快！你看，咱们的展品，外国人都争着看。"

那个时候，社会主义国家立了不少领袖铜像，每每见到，铁人都要仔细观看，产生些联想；阿尔巴尼亚葡萄、橄榄比较多，有一种花草叫"万年青"，也叫"万年松"，象征坚强和长寿，到处都有，铁人也很感兴趣，经常注目观赏。

铁人写下这首诗，很诚恳地请求李云帮助修改。李云反复阅读、朗诵、品味，和他一起商量。

陶冰华、驻阿大使，还有大庆去的刘文章，甚至包括团长、石油部副部长唐克都看过铁人的诗，给他提过修改意见。最后在大家帮助下改为：

巍峨高山万年松，
马恩列斯毛泽东。
领袖铜像红心铸，
光芒万丈太阳红。

继前一首《巍峨高山万年松》之后，铁人又写出《山鹰之国一片红》等两首诗。三首诗反映了铁人开始接触马列主义、国际主义的思想变化，体现出他精神世界的丰富多彩。

大地上这颗 37 年的五角星记号，藏有怎样荡气回肠的城市故事？

在让胡路商场斜对面小广场的水泥地面上，镶嵌着一颗与大地平行的黑色大理石五角星记号。两个月前，中央大街改造时，五角星被描红，像闪闪的红星。大地上这颗 37 年的五角星记号，藏有怎样荡气回肠的城市故事？

两年前，原石油工业部副部长季铁中的儿子，76 岁的季松花江在接受连线采访时，曾说起要寻找一位大庆的"油建小女孩"；

两个月前，"油建小女孩"被笔者找到，她就是今年已经 59 岁的女作家刘莉。

所有故事的起因，都因五角星记号而起。

多少年来，人们匆匆而过，却几乎无人知晓其秘密……那是荡气回肠感人至深的城市往事，那是我们感受大庆精神铁人精神的真实历史！

季松花江是谁？为什么要寻找"油建小女孩"？

"两个月前的一个傍晚，我从那路过，看见工人们正在施工，我急坏了，我寻思这完了！我边喊着边跑过去跟他们说，把你们领导找来，这地方你们打算怎么办？没想到工人们看着我笑着说，他们领导知道，告诉他们这地方不能动！"

"第二天我再去，看见原来黑色大理石拼接而成的五角星，涂上了鲜艳的红色，像闪闪红星！""我非常感动，这座城市的很多人还是知道这颗五角星记号后面的故事的！"

2021年10月21日晚,女作家刘莉与笔者聊天时,偶然说起发生在两个月前的这件事。刘莉说:"这颗五角星记号下,埋着原石油工业部副部长季铁中的骨灰!"笔者惊讶地反问她:"你是不是就是那个'油建小女孩'?"

得到答案后笔者赶紧联系季松花江,将找到"油建小女孩"的信息告诉给他,并帮助他联系上刘莉。

季松花江是谁?

他是季铁中的儿子。两年前,因要采写季铁中的故事,几经周折后联系上季松花江,在交谈过程中,他提到大庆有个"油建小女孩"写了一篇文章,刊发在《中国石油报》,希望能找到她。

——这篇文章的名字叫《油建大礼堂》,就是作家刘莉写的。文章开篇就写到——"多年以后我才知道,原油建大礼堂门前小广场上的秘密。那块不太大的平地上,有一个直径约一米、用黑色大理石拼接而成的五角星,被镶嵌在大出一倍的圆形水泥预制板中央,整体与地面平行,看上去像个大些的井盖,一般不会引起注意。如今大礼堂早已改作商用,小广场变成了停车场。我几乎每天都要来这里买菜购物,每天都要向那个大五角星张望一下。"

文章中,刘莉回忆自己在少女时代,作为鼓号队队员,多次参加油建大礼堂的表彰演出大会!但她始终不知小广场上的秘密,直到20多年后,有一天老会战父亲告诉了她。

刘莉写道:"那天,我和父亲在小广场上找到了那个大五角星。白发苍苍的老父亲,立即在五角星面前默立。在人来人往、川流不息的人群中,我看着这幅画面,一股热流涌上我的眼眶。"

季铁中是谁?他与大庆有着怎样的情缘?

"父亲去世那年的5月中旬,按照父亲的遗嘱,他的骨灰没有安放,跟大地化为一体。我和母亲捧着父亲的骨灰,一半撒在松花江里,一半撒在大庆油田。"

"撒在了松花江滔滔的江水间,那是他抗战的地方;撒在了宾县玲珑乡,那是他的故乡,也是他最早打游击打鬼子的地方;分多处撒在了大庆油田——一处撒在油建大礼堂小广场;一处撒在了"铁人一口井"旁;一处撒在了儿童公园——因为从儿童公园正好能望见陈家大院泡——我的两个妹妹淹死在那里……"

日前,笔者再次联系到已78岁的季松花江,听他静静地讲述着曾经的往事!

几年前,笔者曾约访过孙占山老人。在东风新村中央商城门口,老人手中拿着一本书。那是由季铁中口述,孙占山所著的季铁中的传记。在书的最后几页,附着一封特别的信——是季铁中在病重期间,口述向部党组汇报的内容,其中包括对子女的约法四章和五条决定——

亲爱的孩子:

松花江、秋芳、扬子江、素勤、原平、德明、征天虎、田力、长春、丽萍

一九八二年七月十九日,咱们家庭会议上曾议定了"约法四章"和"五条决定"是一致通过的。当时,德明因事未到会。那时,长春和丽萍尚未完婚,因而丽萍也未能参加。又因此事已过一年有余,现为郑重起见,又写成文字,现送你们传阅,如有补充和修改,请即修改。拟在你们修改后,正式书写成文,便于互相监督,共勉之。

季铁中　张　英
一九八四年一月八日

季松花江讲:"我爸我妈一生为革命奋斗,信念无比坚定,在他们心中永远是国家利益至上!父亲来到大庆油田,每到学校寒暑假,他就让我到基层队劳动。而且要求我,第一自己带粮票;第二不许车接送,天不亮就从采油二厂走

到萨尔图；工人都有防蚊套，我没有，因为我不是工人，我就用雨衣扎起露两个眼睛，就那么干一直干到天黑……"

他为什么要长眠在"铁人井"旁？

几年前，笔者曾去"铁人一口井"采访。

季铁中墓前，有一株美丽的云杉树，掩映在松柏丛中，挺直苍翠，直追白云。墓碑上写着——"季铁中（1916—1985年）原石油工业部副部长，曾任中共大庆石油会战工委副书记。"老铁人馆的讲解员王慧轻轻地念着碑上早已斑驳的文字，掐起一朵紫丁香花，系在云杉树上。

"他们的故事，我都知道一点。包括这位将军。"王慧称季铁中为"将军"。她说：他曾在咱们这片白山黑水中，打日本鬼子；1960年，他来到了大庆油田；1961年春天，大庆油田面临一次生死存亡的危机，工人们饿得都得了浮肿病，他回到原来的部队，要了10万斤黄豆……人们一粒粒数着吃，没有不流泪的……"

为什么在生命的尽头，季铁中选择在"铁人井"旁长眠？
他与铁人之间有怎样的不解之缘？

两个人的深情，是从油田政治部系统总结大庆经验时候开始。为挖掘铁人灵魂深处的闪光点，季铁中多次跟铁人面对面交谈，两个硬汉常在不知不觉中谈到月挂中天，都变成了呼吸零点空气的夜猫子，慢慢地聊天的话题也逐渐深入。铁人最喜欢听季铁中讲述自己九死一生闹革命的经历，季铁中也从铁人敞开心扉的话语中了解到他为石油事业不惜拼命的思想境界。

工业学大庆期间，季铁中负责总结大庆石油会战的基本经验。1965年秋天，作为油田高级干部的季铁中带上行李卷亲自下到1202钻井队体验生活，与工人们同吃同住同劳动……铁人每次去探望，都深受教育——季铁中生活中始终保

持在部队养成的军人作风,空间狭小的野营房宿舍被他收拾得一尘不染,用了多年的军被叠得有棱有角,穿的工作服、戴的安全帽、皮靴虽然沾染了油污和泥水,但从不随意摆放,俨然是一个缩小版的军队营房……

然而,在那个特殊年代,季铁中与夫人张英都失去了自由,两个年少的女儿也因无人照管,双双溺亡。

一天,在北安农场,铁人遇见了季铁中的另一个女儿季原平,一声"铁人叔叔",让铁人眼窝里涌出了泪水。

那天,王进喜上台讲话。他把到北京面见周恩来总理得到的指示,转换成自己的话,义正词严地说:"宋、陈、季、王一定要解放,他们都是忠心耿耿的老革命,贯彻毛主席的指示最坚决,没啥错误……这不是我王进喜瞎放炮,这是周恩来总理的指示!"

话一出口,全场震惊!

季铁中的妻子张英后来回忆说:"原平给我来信说,王叔叔这么胆大啊,公开说要解放宋、陈、季、王。"

遗憾的是,还没等季铁中彻底平反,铁人就离开了人世,这也成为季铁中一家永远的痛。

大庆精神铁人精神研究者杨海峰在接受采访时说:在特殊时期,铁人不顾自身安危,保护了一批石油工业的高层将领!

这就是铁骨铮铮,大义凛然,敢说真话,敢负责任的铁人!

《哥德巴赫猜想》中，有篇撰写铁人的文章《石油头》

1978年，报告文学集《哥德巴赫猜想》轰动全国；徐迟在文集中首次披露铁人在玉门任钻井队长时的绰号"石油头"。

当年轰动全国的报告文学集《哥德巴赫猜想》，大家还记得吗？

访谈前，不由发此一问！

"当然记得！"相信，大凡经历或了解20世纪80年代新时期文学"黄金十年"的人们，都会这样回答。

1978年1月，著名作家徐迟的长篇报告文学集《哥德巴赫猜想》在《人民文学》发表，被称为中国报告文学的"报春燕"。

当年3月，报告文学集《哥德巴赫猜想》出版，瞬即在国内外产生巨大反响，成为1978年文学舞台的主角，数学家陈景润也自此为全国人民熟知。如今，近半个世纪过去了，少有人知的是，报告文学集《哥德巴赫猜想》中，排在目录第一个的首篇文章——《石油头》，写的就是铁人王进喜，他与李四光、陈景润、蔡希陶、周培源、常书鸿、孙健初同为文集中的主人公。

更少有人知的是，"石油头"是徐迟首次披露，铁人王进喜在玉门油田担任钻井队长时的绰号。

往事越"千年"，作家深深意

两年前，石油作家宫柯递给青年作家杨海峰一部出版于20世纪70年代末的报告文学集《哥德巴赫猜想》。翻开这本书，里面第一篇文章就是《石油头》。

访谈时,杨海峰谈道:同是作家,当时读到这篇文章,又通过各种渠道了解到这篇文章诞生的过程后,心潮起伏,被作家徐迟所深深感动。

"石油头"是王进喜在玉门油田担任钻井队长时的绰号,若不是徐迟披露少有人知。

"但让我感动的是,这篇文章是在徐迟采访铁人王进喜多年后,再次提笔写成!"杨海峰说。"足见铁人在一位作家内心世界的情感及印记!"

"如今捧读,真有一种'往事越千年,作家深深意'的感受!"

以下是杨海峰介绍徐迟撰写《石油头》的过程——

1964年2月5日,一份红头大字的中共中央文件下发全国各地,传递了毛泽东主席号召"工业学大庆"的指示。一时间保密了四年的大庆油田揭开神秘的面纱,吸引了全国人民关注的目光。

中共中央宣传部组织了一个群英云集的艺术家团队,奔赴大庆油田体验生活,集中住在被称为二号院的大庆油田指挥机关附近。几栋干打垒平房合围的院落,简朴的像农村人民公社,进出的人员统一穿戴油田配发的扎趟棉工服,不论男女每人一顶狗皮帽子。大庆人给这处藏龙卧虎的名人招待所起了个文雅的名字,叫"文化大院"。

擅长写报告文学的徐迟,是进住"文化大院"比较早的著名作家。

徐迟素以"真诗人"著称文坛,一生热爱生活,拥抱生命。当他把采访的主要目标对准了被誉为"铁人"的王进喜时,是以极为细腻认真的态度,挖掘检索资料,从而了解到了铁人在玉门油田被誉为"石油头"绰号的往事。经过两年的积累,徐迟有了文思泉涌的创作灵感,可当开始动笔写作的时候,却被打入了冷宫,十年再没有发表作品。

后来,政策落实,春回大地,徐迟的创作激情再次复燃。回想起在大庆油田体验生活的那段经历,常常彻夜难眠,铁人在接受采访时的音容笑貌总是在眼前浮现。1977年元旦,年已六旬有余的徐老,到江汉油田采风,当老作家登上高高的钻塔塔顶,旭日的光辉照射到他的脸庞时,他信口吟诗:"天高地回势巍峨,斗室谁肯坐婆娑。胜景贪看随日好,余年不计去时多。闻鸡志壮犹起舞,引吭兴豪欲放歌。四海翻腾风雨骤,思投碧浪叱微波。"

不久之后,徐迟就写出了报道铁人王进喜先进事迹的《石油头》,在《人民文学》杂志 1977 年第 5 期上发表。同年 9 月,他又发表了里程碑式的作品《哥德巴赫猜想》,奠定了他在当代报告文学领域中的独特地位。

徐迟首次披露铁人的绰号——"石油头"

先让我们来阅读几段《石油头》的原文(节选)——

石油头当上大班司钻以后,他只需要上白班儿了,这是有规定的。可他却搬到了井场上,住进了值班房。其他玉门的工人都住在市区一栋栋的宿舍里,乘坐交通车上下班。石油头偏偏住在井旁边。芨芨草编的席棚子,外面糊一层泥巴,石油头就在这里面住下了。不需要他上夜班,他偏偏不离开井场,日夜地操心……

……那年石油头敢想敢干,异想天开,要求整体搬家。井距是比较近的,相距只三四百米。玉门局领导、石油部首长,也是工人的贴心人。他提了议,领导一了解,就批准试搬。于是巍巍的井架,便整体迁移了……

还没有找到大油田他就想到石油不光埋在外国的地下,看到解放军站岗放哨他想到了岗位责任制,看到井打歪了他想出了钻井扶直器,他既想生产上的事也想到了工人的福利;干着社会主义想着共产主义……目光远大力量无穷!这个无产阶级先锋队里的老英雄,浑身都闪耀着英姿勃勃的新光彩……

"仅此几段,即让人看到一个平凡的石油钻工,怎样在时代潮流的推动下,萌生了当先锋、打头阵的壮士情结,更让人看到去除了假、大、空的浮光掠影,实事求是,本真动人的铁人王进喜。"杨海峰谈到。

《石油头》作品中,徐迟讲述了铁人王进喜从玉门的"石油头"到大庆"王铁人"的成长历程。铁人作为石油头,"有条件上,没有条件创造条件也要上"

的拼搏精神,在这里就能找到精神基因!

徐迟充满感情地写道:"王铁人不但是一员虎将,而且足智多谋。"井架整体搬家、废钻头再利用、方钻杆带到大庆,这都是王进喜自己琢磨出来的……

高山仰止,景行行止。

在这部报告文学集《哥德巴赫猜想》中,可以感受到李四光、孙健初、王进喜等新中国石油工业的先驱们,在一穷二白、物质匮乏的条件下,凭着满腔热血与为国献身的勇气,艰苦创业,奠定中国石油工业发展根基的功绩。

文集中的篇目《石油头》《哥德巴赫猜想》《地质之光》《生命之树常绿》《在湍流的漩涡中》《祁连山下》……篇篇都是经典之经典,让人读来荡气回肠。《哥德巴赫猜想》讲述的是数学家陈景润当年在极为困难的条件下,向数学皇冠上的明珠——哥德巴赫猜想发起挑战,并取得领先世界的研究成果的故事;《地质之光》讲述了老一辈地理学家李四光献身我国地质事业,为国家作出重大贡献的事迹……

"诗化的叙述语言、生动感人的情节设置",《歌德巴赫猜想》在当年几乎无人不知。

时至今日,谈及报告文学,人们首先想到的就是《哥德巴赫猜想》,在这部作品之后,中国报告文学作品层出不穷,于20世纪80年代迎来黄金时期。

2001年,以徐迟的名字命名的"徐迟报告文学奖"由中国报告文学学会设立。

一个时代的英模融入了文化的长河,把闪烁民族精神的美德,在一代代中国人的血脉里传播。我们的精神世界里,烙印着《哥德巴赫猜想》,也烙印着"石油头",烙印着铁人!

一场相逢　一生难忘

"1966 年我 25 岁那年，在阿尔巴尼亚留学期间，曾为铁人做翻译；2019 年我 78 岁了，我来大庆拜谒'铁人'！"

许俊德，铁人王进喜纪念馆原副馆长，多年来主要从事大庆精神铁人精神、会战历史研究。

访谈时，许俊德感慨地说："都说学铁人，学什么？怎么学？""多年来我们到全国各地采访，接触一个又一个与铁人打过交道的人，每一位都在终生感念……因为铁人是一位有情有义的人，他让人怀念的不只是那些轰轰烈烈的壮举，更让人感怀和珍视的，是他的那些"小事"，温热着人性的光……

2014 年，许俊德为追访一张照片中梳着两条长长黑辫子的姑娘，而去北京寻访孙忆新；2019 年，白发暮年的孙忆新在亲人的陪伴下，来大庆铁人王进喜纪念馆拜谒铁人，时任铁人馆副馆长的许俊德接待了老人。

故事，就在许俊德的讲述中呈现。

一张照片中，唯有一位姑娘无人识别

铁人王进喜纪念馆展厅，有一张铁人访问阿尔巴尼亚的照片，常常引起参观者的关注。

照片中人物有二十几位，多年来，人们逐一解出照片人物身份，但一直无人知道，照片后排左五那位梳着两条黑辫子的姑娘是谁？

更无人知晓，这位姑娘就是当时为铁人当过翻译的留学生！

直到 2007 年，大庆作家赵德水通过某种机缘知晓了这个信息。赵德水曾走千山访万水，追访全国各地名家，撰写人物传记。此间，赵德水结识了许月

荷。许月荷 1966 年曾在我国驻阿尔巴尼亚大使馆工作。中国石油代表团访问阿尔巴尼亚期间，铁人王进喜和驻阿尔巴尼亚使馆的女同志会面合影时，许月荷在场。

许月荷在寄给赵德水的一幅合影照片附信中提到，孙忆新是石油代表团访阿尔巴尼亚随团翻译人员，和铁人王进喜接触机会更多，了解情况比较具体。

赵德水因此与孙忆新有了书信联系，并把消息反馈给铁人纪念馆。当时孙忆新在广东，但几个月后再打电话，却失去了联系。

一晃又过了 7 年时光，2014 年 5 月 9 日，许月荷忽然自北京家中给赵德水打来电话，说："孙忆新近期写了一篇回忆 1966 年中国石油代表团访阿尔巴尼亚期间有关铁人王进喜的文章，想通过你转交给大庆铁人王进喜纪念馆。"

再次获知孙忆新的消息，许俊德与馆里同事瞬即启程，去北京拜访照片中那位梳着两条长长黑辫子的姑娘。

"听说你叫铁人，是铁做的吗？"他答道："我们中国工人都是铁做的！"

当年 12 月 2 日，许俊德与同事在北京见到了已白发苍苍的孙忆新。

往事如烟，印迹在心，老人清晰地讲起当年（以下内容以孙忆新口吻讲述）——

那一年，我 25 岁，在阿尔巴尼亚留学。

1966 年 5 月至 6 月期间，时任石油工业部副部长的唐克率领中国石油代表团访问阿尔巴尼亚，我因此有幸接到了这个特别的任务——担任随团翻译，前后达 40 多天。

接到此任务，我既兴奋激动又紧张不安，生怕做不好。我清晰地记得，第一次见到铁人时，他笑眯眯地问我："你就是在这里留学的小孙吗？"

我忐忑不安地回答："是！"铁人似乎看出了我的紧张，和我唠起了家常，询问我来阿尔巴尼亚多少年、什么时候毕业、原来在哪所大学念书、老家在哪儿……

我胆怯地问道："我该怎么称呼您啊？"他笑着答："就叫我老铁，你问问大家，不都这么称呼我嘛！"话音未落，周边就响起一阵笑声。

接下来，不论是在首都地拉那参加阿尔巴尼亚方面的重要领导人会见，还是参加技术交流谈判，铁人都十分积极、活跃，既得体又风趣。

当时任阿尔巴尼亚劳动党总书记的霍查问他："听说你叫铁人，是铁做的吗"时，他答道："我们中国工人都是铁做的！"现场当时响起欢快的笑声和一阵热烈的掌声。

难忘那些瞬间："老铁"在阿尔巴尼亚那些"小事"……

在阿尔巴尼亚石油基地，铁人和阿尔巴尼亚石油工人打成一片，换上他们的工作服，在石油钻台上爬上爬下，把自己的工作经验毫无保留地传授给阿尔巴尼亚的石油工人。临别时，阿尔巴尼亚工人都伸出大拇指，对铁人一个劲儿地叫"好"。

每当代表团到相关城市参观访问，离开或入住旅馆时，他都抢着替大家拎行李，提沉重的资料箱，对工程技术人员说："你们力气没我大，这点活儿对我来说是小菜一碟，让我来干！"他还对我说："他们工程技术人员用脑子工作，比我辛苦，体力活应该由我来做！"

每次开会，他都主动让其他同事坐沙发，自己席地而坐，并为同事们端茶倒水，一点儿架子都没有。

代表团快结束行程前，正值敬爱的周恩来总理第三次访阿尔巴尼亚。唐部长和铁人前往机场迎接。离开旅馆前，唐部长发现"老铁"中山装的扣没有系好，就对他说："老铁，你的形象代表着中国石油工人和整个中国工人阶级，好好整理一下你的上衣。""老铁"像个乖乖的小学生，把上衣重新细致地整理了一番，并且站直，让同事们替他又检查了一遍。

"老铁"写给我的那封信……

不知不觉，40多天飞逝而过。临别前，"老铁"私下问我："小孙，我回大庆前，要路过哈尔滨，你有什么事情要我办吗？"

我反问："行吗？"

"老铁"毫不犹豫地回答："这有什么不行的？！"我一下子就泪水涔涔。通过那一段相处，"老铁"知道了我的身世，了解到我的母亲是黑龙江省商学院的党委书记兼院长，属"当权派"。

他肯定看出当时我远离家乡和亲人数年的思乡之苦，于是他一再说："小孙，不要有顾虑，我什么都不怕，你有什么要求就对我提出来，我会尽力去办。"

我终于开口："老铁，我妈妈是"当权派"，我很惦记她，你能代我去看看她吗？"

他答："行，没问题。"

要知道，那时已是山雨欲来风满楼的前夕！我哽咽着说了一句："谢谢！"

那年九月，我毕业离校，被分配到地拉那的驻阿尔巴尼亚大使馆工作，任实习翻译。到使馆工作后，我接到了来自国内的一封信。

接到信后，打开一看，惊喜地发现，原来是"老铁"写来的。

他在信中对我提及，他路经哈尔滨时，专程去看望我妈妈，详细向她介绍了我在国外的学习、工作状况，并叫她放心。

在信结尾处，他又叮嘱："小孙，不管你什么时候回国，回来后一定要和我联系。你现在有什么困难，手头缺钱吗？如果需要，我想法给你汇去或者通过人给你捎去。回国后，不论遇到什么难处，都要来找我，我会帮助你的。"一封短短的信让我读了一遍又一遍，眼泪打湿了那封仅有的一页半纸的信。

这也是我和"老铁"的最后一次联系，从此远隔千山万水，再也未能谋面。

一场相逢一生难忘

孙忆新讲述：数年后，当她再见到刚刚被"解放"的老母亲时，已是阔别七年之后。母女二人对视良久，默默无言。当晚她们彻夜长谈，母亲对她讲起王进喜来访的经过。母亲说，当时气氛紧张，接到电话后，无法在学院会见铁人王进喜，就约他到家里见面。铁人对母亲说："孩子在外边挺好的，学习、工作都很努力，你就放心吧！"母亲向他表示感谢，并说无法留他吃饭。他对母亲说："我完全能理解，老同志，你多保重吧！"这次见面也不过就是十多分钟。

孙忆新于1967年回国。当她再听到有关铁人的消息时，是在浙江某农场劳动改造时，从报纸上得知铁人因患重病去世，眼泪只能吞噬在内心深处。

后来孙忆新被分配到上海工作。听说铁人葬于八宝山公墓，特别去北京悄悄拜谒了他的墓碑。"站在铁人的遗像前，我在内心默默地对他说：'老铁，虽然我和您仅有短暂的相处，但对您的记忆和怀念将是永远的……'"

"有生之年，我要去一次大庆……"

2019年7月13日，孙忆新在亲人的陪伴下，来大庆拜谒铁人。

《初升的太阳》被铁人搬了道岔

主角从铁人变成了娘子军,宫柯讲述剧本戏剧般的诞生过程

　　大庆第一部晋京演出的大型话剧《初升的太阳》,完成于 1965 年。1966 年初,该剧首次晋京演出,即引起轰动,受到周恩来、叶剑英等中央领导接见。

　　《人民日报》曾在一篇述评中写道:"几乎每一场演出,都有许许多多观众流下激动的热泪,对演出报以长时间、热烈的掌声……"

　　但少为人知的是,作为第一部反映大庆精神的戏剧,《初升的太阳》的诞生过程却颇为戏剧性。本期特别专访大庆精神铁人精神研究专家、石油文学作家宫柯,了解其真实过程。

　　《纸年轮》作者张冠生曾写过这样一段话:一个美国学者说,想把一段历史看清楚,说出道理,需要放到更长的历史背景上,他确定的时间段落是 500 年。一个中国教授主张,把中国人自己 5000 年的文化传统来个彻底清理,让全世界都能共享这份思想资源。

　　宫柯对于大庆精神铁人精神的求索、深究,即是如此。

　　因其广博厚积,更因其几十年的求真求实。

　　从最早出版的中篇报告文学《奠基石》、报告文学集《东方奇迹》、人物传记《本色——大庆石油会战功臣包世忠》《油气田地质专家杨继良》《中国工程院院士王德民传》,到长篇纪实《大脚印——大庆油田勘探开发揭秘》《共产党人王进喜——看铁人是如何炼成的》……每一部作品,都是这座城的精神传记、精神体系与心灵图谱。

　　以下内容,即是由宫柯讲述的铁人故事,真实得让人置身其中——

为创作一部石油题材大戏，她把家从北京搬到了"文化大院"

1964年2月5日，一份红头大字的中共中央文件下发全国各地，传递了毛泽东主席号召"工业学大庆"的指示。一时间，保密了四年的大庆油田揭开神秘的面纱，展现了荒野与神奇交织的魅力。中共中央宣传部组织了一个群英云集的艺术家团队，奔赴大庆油田体验生活，集中住在被称为二号院的大庆油田指挥机关一侧（"文化大院"）。

这一天，热闹起来的"文化大院"住进了一对夫妻，金山与孙维世他们是新中国戏剧界塔尖上的名人。

当时许多人只知道这对伉俪是戏剧家，却不知道孙维世还有另外一重特殊身份，她的父亲是革命烈士孙炳文。孙炳文牺牲后，幼小的孙维世被周恩来、邓颖超夫妇收养，认作干女儿。

1939年，孙维世被派往苏联学习，考入了莫斯科戏剧学院，毕业后又转入莫斯科东方大学继续深造。1946年回国从事文艺工作，1950年陪同毛泽东主席访问苏联，担任翻译。这位经常出现在中南海西花厅的"红色公主"，带着周恩来总理的殷切嘱托来到大庆油田体验生活。为创作一部石油题材的大戏，放弃了在北京的优厚待遇，把家长期搬进了"文化大院"。

1964年3月19日，孙维世在日记中倾诉了初到大庆时的心情：

到萨尔图已快20天了，时间过得真快，也过得很充实。这些最可爱的人，平凡的英雄，我要好好向他们学习，来写他们，演他们，歌颂他们。为这个，我应好好扎下根子，到一个具体的单位。

孙维世和金山打算以"铁人"为原型塑造一个舞台上的大英雄，她把王进喜请到了居住的陋室，通过聊天的方式进行采访，并提出拜王进喜为师。王进喜满心欢喜地答应，他经常开着那台老旧的威利斯吉普车，拉着孙维世到油田生产一线现场去体验石油工人的日常工作和生活。

铁人良苦用心　戏剧家创作改弦更张

那个如火如荼开发大油田的年代,任何一位初次走进大庆的"外来人",都会被眼前的场面震撼,就像一团火,在孙维世的胸膛里升腾起强烈的创作烈焰。她要把最能代表石油工人形象的王进喜作为剧本的主角,写出一部跌宕起伏、气贯长虹的多幕话剧,把它呈现在舞台上。

没想到王进喜却提出了不同意见,他对孙维世说:"你这个大导演可得好好看看咱这里的大油田,男人打井钻地球,女人种地绣地球,多壮观啊!"

有一天,王进喜一反常态,没有开车拉孙维世去钻井队,而是来到尚待开发的油田深处。对孙维世说:"这大油田啊,好看的东西可多了,今天领你看看我们的农业生产,给你换换脑筋!"

王进喜开车来到一处由职工家属创建的农副业生产基地,在这里孙维世很受教育,大庆油田的职工配偶多来自农村,开荒种地、养猪牧羊是与生俱来的本能。她们在石油会战工委的号召下组织成立了家属管理站,掀起了"决不待在家里吃闲饭,要为石油会战做贡献"的集体创业热潮。

她们在荒草遍野的大平原上开垦出万亩良田,建起干打垒工农村,构成了生活服务配套齐全的生活基地。这是大庆石油会战的一项发明创造,周恩来总理把这种新颖的矿区模式归结为"工农结合、城乡结合、有利生产、方便生活"十六个字,生动形象地展现了大庆油田与众不同的矿区风貌。

孙维世被眼前无法想象的场景深深打动了。

王进喜趁热打铁,做孙维世的思想工作,他建议写写那些拖儿带女的娘子军,因为没有家属们做石油会战的坚强后盾,饿肚子的职工就无法安心工作,家属们虽然没文化,但贡献却很大。要是能写出一部反映大庆职工家属闹革命的戏,那可是一举两得的大好事。

王进喜的良苦用心没有白费,真就让铁了心要写"铁人"的孙维世改弦更张了。她和丈夫金山一商量,放弃了原来的创作计划,花费半年时间,几乎走遍了家属基地,还与"五把铁锹闹革命"的带头人薛桂芳一起下田劳动;向家属标兵李长荣学夯筑"干打垒";跟随绰号叫"假小子"的卢菊在草原放牧……

与此同时,1964年底为庆祝元旦,总机厂排演的独幕话剧《康庄大道》更是让坐在台下观看的孙维世、金山夫妇坚定了创作的决心。

初稿诞生于一个旭日东升的早晨,铁人再改剧本

回到"文化大院",孙维世连续几天几夜废寝忘食,终于在一个旭日东升的早晨完成了初稿。望见射进窗内的阳光迸发出灵感,一个富有诗意的剧名跃然浮现,以《初升的太阳》为剧名收笔杀青。

解铃还得系铃人,孙维世首先请王进喜来指点剧本。王进喜乐颠颠地来到"文化大院",一边看剧本,一边听孙维世讲剧情,可渐渐皱起了眉头,他觉得思路不错,但还有许多地方不太符合实际情况,他认真地谈了一些自己的建议和修改的看法。孙维世求之不得,没有丝毫不高兴,笑眯眯接受了王进喜提出的意见,对剧本又做了一番精细打磨。

定稿后,孙维世又是根据王进喜的提议,从大庆职工家属中挑选演员,让他们自己演自己。这项前所未有的尝试,在戏剧舞台上又是一个破天荒的创举。孙维世亲自担任导演,金山当首席评委,王进喜则是彩排的观众代表。

话剧《初升的太阳》在大庆首场试演就引起了轰动。1965年,国家文化部决定调这部戏进京演出,周恩来、邓颖超、叶剑英等党和国家领导人在中南海礼堂观看后给予了高度的评价。截至1966年11月,话剧《初升的太阳》在全国各地演出了200多场,欣赏的观众多达25万人次,可谓是一炮走红。

但此时一场特殊运动席卷而来,孙维世被勒令回京。临别前想与王进喜见上一面都没能实现,她将带在身边的一台半导体收音机,托人转赠给王进喜。

1967年3月,王进喜被军代表营救到北京。打听孙维世的消息,才知道她返回北京就被隔离审查了。王进喜不顾安危找到孙维世的住址,前去探望。看到孙维世被折磨得不成样子,痛心地泪流满面……这是王进喜和孙维世最后一次见面。

　　一年后,孙维世去世,年仅47岁。两年后,王进喜因病去世,享年也是47岁。王进喜和孙维世的骨灰都被安放于北京八宝山的革命公墓,他们相守相伴,英魂虽逝精神犹存。

　　宫柯说,在铁人诞辰百年时,我们谈到这段往事,是要告诉大家,铁人不但为我们国家的石油工业建设做出卓越贡献,而且对我们石油文化的发展也做出奠基性贡献。

一路急行军：那年，那群远征的钻井工人

"人拉肩扛、端水打井、跳泥浆池"之前发生了什么？

1960 年 3 月。

如果当年我们乘上一架航天器，飞上万米高空俯瞰祖国大地，就会看到这样恢宏的图景：

一股股人流从祖国的四面八方开赴东北大地，奔向大庆荒原；一队队解放军官兵像当年打仗急行军一样，从南京、济南、沈阳三大军区的营地出发，奔向龙江，奔向大庆；一车车设备、器材和原材料，从祖国各地运往大庆，运上荒原。

在这股人流中，有一支英雄的钻井队，那就是玉门的贝乌 5 队，即后来赫赫有名的 1205 钻井队。队长王进喜正带领大家急如星火，日夜兼程，马不停蹄地赶奔大庆。

历史的细节，是诠释一种精神最确凿真实的力量和注脚。

6 月 10 日上午，在《铁人传》作者孙宝范家中，谈起那段激情燃烧的岁月，一幕幕、一段段、一个个细节，如影像般串联起来。

话题聚焦在——"人拉肩扛、端水打井、跳泥浆池"三大经典故事前夕——发生了什么？

也是当年铁人带领钻井队从玉门一路急行军，奔赴大庆的那段序章！

以下内容为访谈孙老整理而成。

1959 年参加群英会：泪洒沙滩

"汽车上背的是个啥？"

"煤气包……"

"背那家伙干啥？"王进喜又问。

"里边装的是煤气，用来烧的嘛！"

"那为啥不烧油呢？"

"没有油嘛！"

啊！连首都都没有油用啦！王进喜大吃一惊。他的头嗡的一下大了起来，无力地走到路边蹲了下来，两行泪水从眼眶里流下来……

自己真浑啊！——在玉门感觉油很多……可是连首都——毛主席住的地方——都没油用……国家这么难，我们搞油的人，自己身为钻井队长，还是什么先进？有什么脸见人？真是有愧啊！

（以上这段，正是铁人王进喜参加全国群英会时，泪洒沙滩的情景。）

正当王进喜愁眉紧锁时，一个特大喜讯传来——1959 年 9 月 26 日，松辽盆地松基三井喷油，我国发现了一个世界级特大油田！

群英会要结束前，石油工业部向大家预告了这一特大好消息——铁人激动万分，当场请战！逢人便说："这下可好啦！""这下可好啦！"

1959 年 11 月 8 日，群英会胜利闭幕。玉门代表于 12 月 2 日返程玉门，玉门人民夹道欢迎载誉归来的英雄们，却没有看到王进喜，因为他从火车站直接回到贝乌 5 队井场去了。

当晚，市里召开隆重的联欢晚会，王进喜也没有去。他召集全队拿出群英会发给贝乌 5 队的奖状，特别讲述了首都汽车背煤气包和祖国各地缺油的状况及代表们要油的呼声……

自此，在群英会精神的鼓舞下，贝乌 5 队投入了冬季打井战斗，他们克服天寒地冻、高山缺氧等种种困难，不断创出好成绩！

与此同时，铁人开始着手去东北开发新油田的准备。

1960 年 2 月中旬，内部传来消息，玉门要精选精兵强将参加松辽石油会战，铁人跑向焦力人局长报告，坚决要求第一批出发。

过家门而不入的钻工们：离玉门

列车开动，加速，疾驰！这是贝乌5队自1953年建队以来第一次远征。

参战的37人，家在铁路沿线的有23人，其中甘肃14人、陕西7人、河南2人。

此次出征，大家都怀揣着一个激动不已的心情——那就是，沿途好多人都经过自己的家门！谁不想回家，再跟爹娘告个别！

王进喜细心考虑到这一点，出发前开过全体会……提出严格要求，同时又与支书孙永臣、支委张永发商量过，一定要关照好这些年轻人。

孙宝范："当年采访许万明时，他说：参加大会战的工人们有自觉上前线的，也有想开小差的，我就是一个想开小差的人！细心的王队长工作安排得仔细，事先就分好工了，叫武威的看好张掖的，再叫酒泉的看着武威的，谁也甭想溜。我原打算在武威下车就不上了，把饼子都送给了别人，但一看王队长为甩掉贫油帽子那样劳心劳力，就放弃了这个念头。"

车窗外白雪遍地，风声呼啸，飞驰的列车过了嘉峪关，直奔酒泉……

王进喜内心里涌出一种别样之情。工人们真是好哇！此次调动虽说早有准备，但真正行动起来，是"头天通知，二天就出发"，紧张急迫，别说放假探亲，很多人连信也没来得及写一封，家在外地的根本不知道要调动。司钻戴祝文的孩子正在住院，也没来得及看一眼就走了。

酒泉是司钻马万福的家乡，列车行驶到酒泉时，王进喜问马万福给家写信没有？马万福说没有。王进喜嘱咐他："到了东北，赶快给家写封信。"

张掖是孙秉科和孙崇德的家乡。

张掖站停车前，王进喜坐到他们身旁，问孙崇德说："小胖子想家了吧？"小崇德说："哪的话，不拿下大油田咱仨过家门也不入。今天孙某连车都不下。"这时司钻周正荣指着二孙说："大张掖，小张掖，机房里面有两位孙大爷，咱队长可放心了。"孙秉科说："机房没问题。就看你'周凉州''戴武威'——司钻们的本事了！"谈笑间列车驶离了张掖。

武威古称凉州,素有"金张掖银武威"之称。当车行驶到武威时,戴祝文对周正荣说:"这一去不知道何日归来,我们一定要把自己的班带好!"

这时许万明过来:"两位想溜吗?我早盯上你们了!"使得大家哈哈大笑。

列车飞驰,而王进喜、孙永臣和张永发则深深为工人们这种过家门而不入的行为感动着。

远征的石油工人:再到"沙滩"

列车飞过黄河大桥,来到西北重镇、省城兰州。

工人们迅速下车集合。

这时候,眼尖的许万明指着对面的一列货车说道:"看,是咱们的钻机!"王进喜一看,果然在一个货车的大罐上写着:"玉门—萨尔图,1262队。"最担心的事情还是发生了。王进喜心急如焚,他说:"哎哎,到底还是没有走在咱们的前面!东北那地方是大酱缸,万一化了冻土翻浆,钻机运不上去可咋办!"

玉门驻兰州转运处把远征的钻井工人安排在和平宾馆。工人们欢天喜地放下东西上街去了,可王进喜没上街,又回到了转运站。当得知当晚有车时,当机立断让转运站安排走北路连夜出发。

等工人们回到宾馆,王进喜对大家说:"咱们是去会战……时间不等人"。就这样,省城没住,连夜登上了北去的列车,取道银川、包头奔北京。

王进喜又特意找到庞万金,对没能按照事先安排的和女儿、女婿见面表示歉意!

列车在贺兰山下傍黄河而行,窗外就是"长河落日,大漠孤烟"的壮丽;进入内蒙古大草原,又换成了"天苍苍,野茫茫,风吹草低见牛羊"的辽阔。

这天午夜,列车驶进工人们日思夜想的首都北京。

见到康世恩,他告诉大家个大喜讯,萨66井出油了,证明那里是个大油田!因此决定把先去玉门的队伍从太平屯调到萨尔图,负责铁路线以南的打井勘探。先前到的队伍，在接到任务后已经开钻了。

王进喜一听更急了："那我们落在人家后边啦！"

康世恩说："可不能那样说。你别着急，我去年就和你说过，仗有的打。而且是场硬仗、大仗、恶仗！"又说："工人们都是第一次出西北上北京，在北京多留几天，参观休整一下，然后去大干它一场！"

王进喜忙说："可不行，人家都开钻了，我们还休整啥！"回到大礼堂，王进喜对大家说："部领导们很关心大家，想叫我们多留几天。可会战任务紧迫，咱们要抓紧时间。今天咱们挑最重要的地方去参观，现在就去看天安门、看故宫、逛王府井……"

参观往回走时再次路过"沙滩"，也就是王进喜半年前洒泪当场的地方——这时大家看到队长的眼里又泛起了泪花。

大家不约而同地心里发热，眼睛发潮，齐声说："不逛了，早动身，早到大庆，早开钻！"

一路急行军

下午3点多，全队就回到了石油工业部礼堂。在晚上9点多，就坐上了东去的列车。

列车飞驰向前，途径山海关时。这些西北汉子不禁想到，前几天才从万里长城西口——嘉峪关入关，驰过大漠跨过黄河，飞越关山千万重；如今又从长城东口——山海关出关，快马加鞭，绝未下鞍，踏上了东北大地的征程。

次日黄昏，列车驶进哈尔滨。接待组同志准备安排他们在国际旅行社住下。这时王进喜问他们离大庆还有多远，听到说还有150公里后，王进喜说马上到大庆了就不在哈尔滨住了，要马上走。

接待站的同志们只好发给他们每人一个哈尔滨特有的大面包，让他们又登上了北去的列车。

4个小时后，车行驶至安达，王进喜以为到大庆了。可接待站的人说还有

几十里，让他们到大车店住下。王进喜说已经到家门口了还住什么，大家再次登上北去的列车。

3月25日清晨，一列满载工人的列车呼啸进站。

从车上下来一队人马，在"更高标杆立祁连"的红旗下迅速集合。大家身背简单的行囊，眼里有着渴盼的目光。个个精神抖擞，生龙活虎的准备大干一场。

小小的车站在人流涌动中变成了热闹繁忙的"最大车站"。

接下来就是这队西北汉子们演绎的经久不衰的"下了火车三句话""人拉肩扛、端水打井、跳下泥浆池"等经典故事。

两个男人之间伟大的情感

铁人逝世前，为什么会拖着虚弱的病体出现在人头攒动的北京车站？他送别的人是谁？为什么说那是——

"即将离京的焦力人万万没有想到，在人头攒动的北京站候车厅，竟然出现了王进喜虚弱的身影。一时间，一对相识相知 20 年的老伙计再也控制不住内心压抑的情感，抱在一起紧紧相拥，任泪水纵横奔涌……"

杨海峰讲述这幕场景后说："那是两个男人之间，非常伟大的情感！"

访谈前，特别把这一幕真实的历史场景再现，是为感受"故事里的精神"！杨海峰相信，这是传承大庆精神铁人精神最深刻有效的途径。

杨海峰，2012 年开始研究大庆精神铁人精神教育，2021 年出版长篇报告文学《共产党人王进喜》（宫柯与杨海峰合著）。

杨海峰说："越是到后来，我与宫柯老师越有个共通点，比较认死理！这个事能不能立得住？不光是凭借口对口采访，更要依据当年的原始记录，而且不用孤证，比如一件事，两人说法不一，绝对不采用，采用的是互为佐证，互相印证！"

本篇故事，即是从焦力人手书的原始珍贵资料及多方采访中获知。

焦力人端给铁人最后一碗家乡羊肉泡馍

杨海峰讲——

事情是这样的：1970 年 4 月下旬，焦力人获悉铁人王进喜住进 301 医院，专程从江汉油田去北京探望。见到手术后的铁人在放疗和化疗中吃不下饭睡不成觉，焦力人强忍悲痛不住劝慰："老铁呀，你得吃点东西啊……"

铁人不想让老领导为自己分心，努力挤出一丝笑容，喃喃地说："胃里胀得难受，什么都吃不下，也不想吃。"

焦力人说："人是铁饭是钢，哪有病了就不吃饭的道理。医院的伙食不合胃口，就吃点好消化的西北面食吧。"

同为西北人，焦力人的建议勾起了铁人的食欲，于是就不好意思地小声嘟囔了一句："还是老领导明白我的心思，如果方便的话就弄一碗羊肉泡馍吧。"

焦力人心头一热，知道王进喜这是想念老家了。对病入膏肓的人来说，乡音乡味是最能宽心的良药。于是他赶紧上街找到了一家正宗西北风味的餐馆，定做了一份汤鲜饼实的羊肉泡馍，又端回自己家中做了精细加工后才送到医院，亲手端到王进喜的床头。

病床上的王进喜看到自己随口说出的小愿望，居然让老领导费了这么大的心思，感动得不知说什么好，不由得胃口大开，饱含泪水一勺、两勺……断断续续吃下去小半碗。饭后王进喜紧紧拉住焦力人的手，久久不曾放下。

自从吃了羊肉泡馍之后，王进喜的病情明显好转，短短几天居然能够下床走路了。王进喜有了精神头，还想再和焦力人聊一聊工作上的事情，却被告知焦力人即将乘坐当天的火车离开北京。

王进喜一听顿时心急如焚，此刻他已经预感到上苍留给自己的时间不多了，毅然赶去火车站——于是出现了本文开头的那一幕！

铁人的师傅郭孟和：新中国第一代钻井技师名师

两个男人之间有着怎样的故事？

杨海峰：铁人说，我是个普通工人，没什么本事，就是为国家打了几口井，一切成绩和荣誉都是党和人民的，我自己的小本本上，只能记差距。铁人"五讲"中，第一讲就写到："讲进步不要忘了党！"铁人王进喜的成长，离不开党和老一辈石油干部的培养，所以才有"焦力人对铁人十年树人"的伟大情感！

就如诗人李季说："苏联有巴库，中国有玉门；凡有石油处，就有玉门人。"玉门解放后有幸当上钻工的王进喜，遇上了决定命运的引路人。焦力人等矿上领导特别注重对新入矿职工的提携和培养工作。因此王进喜学徒期间就有幸被安排到大名鼎鼎的钻井队长郭孟和的门下拜师学艺。

郭孟和是山东即墨人，曾因生活所迫在20世纪20年代流浪到苏联的西伯利亚当了工人，不仅初通俄语还练就了一手技术绝活，后来回到国内成为新中国第一代钻井技师，玉门油矿第一批发展的工人党员，第一批提升的钻井队长，第一批当选的石油行业劳动模范。

名师出高徒，王进喜很快脱颖而出。此时焦力人看出王进喜是个好苗子，便着重考察培养，发展他入了党。

1958年，焦力人向全矿发出了"战胜戈壁滩，钻透祁连山，进军吐鲁番，玉门关上立标杆"的进军令，在白杨河一带组织钻井会战。此时已经担任钻井队长的王进喜工作一马当先，创出了"五开五完"（即一个月打完五口合格井）钻井新纪录，累计进尺5009米！焦力人召开庆功大会，授予王进喜带的队伍"卫星钻井队""钢铁钻井队"荣誉称号，王进喜本人也被树为玉门矿务局钻井战线的第一标杆，又被推荐为甘肃省的劳动模范。

1953年至1959年共打井71000米，此数字相当于旧中国42年钻井进尺的总和

此时，是石油工业部走马换将的时期，余秋里接替李聚奎出任部长。

余秋里一上任先到玉门油矿视察。而余秋里初识铁人，就是在一次听焦力人的汇报中。

报告文学作家何建明在《部长与国家》一书中做了回顾性的生动描写——

焦力人说，他们这儿有个钻井队队长什么事都要抢先，少了他就跟你急。年初组织一批先进钻井队在白杨河一带工作。当时玉门有个标杆队——以队长景春海为首的贝乌4队——正在与新疆局的以队长张云清为首的1237队进行劳

动竞赛。两个队都想在"钻井大战"中获得先进。王进喜开始并不知道,听说后就非闹着也去"大战白杨河"参加竞赛,一直闹到焦力人局长那儿,弄得只好让他带队去参战。这一去,他名声大震,把原先两个钻井队全都甩在后面,创造了全国钻井速度第一名!

余秋里平生就喜欢这样敢打敢闯的虎将,对焦力人说:"走,你带我去看看那个大闹调度会的王进喜!"在钻台上,余秋里握着王进喜的手赞誉道:"王进喜,你这个名字好啊!进喜进喜,你叫咱们石油部也进点喜嘛!"

王进喜果然不负众望,1959年再创佳绩!从1953年建队到1959年,他的钻井队共打井71000米。这个数字相当于旧中国42年钻井进尺的总和,果真把标杆焊在了祁连山上!

焦力人带头发起创立了面向全国的"中华铁人文学奖"

1960年3月,焦力人奉命支援松辽石油会战挑选的1286名"精兵强将"中,就有王进喜、薛国邦等玉门名将……而且,在最后拍板中,派王进喜带领实力最强的贝乌5队全员参战,并作为玉门支援松辽石油会战的先遣队,即刻出发!

杨海峰:正因为两位石油人之间有这样伟大的情感,晚年的焦力人带头发起创立了面向全国的"中华铁人文学奖"!为啥要设立这个奖?就是要让铁人精神代代传!

肝胆相照："少活二十年"的搭档

惺惺相惜两心知，得一知音死不辞

他和铁人王进喜一同披红戴花

1960年7月1日，为庆祝建党39周年，会战指挥部再次召开万人大会，表彰先进鼓舞士气。这次大会上，王进喜和孙永臣一同披红戴花，骑着高头大马，在群众的欢呼声中隆重入场。

当时，获得先进荣誉的单位，队长和指导员的名字并列。钻井标杆是王进喜、孙永臣钻井队；马德仁、韩荣华钻井队；段兴枝、陈茂汉钻井队。后来，会战指挥部根据余秋里部长的指示，各级政工干部要甘当绿叶陪衬红花，这些政工干部都成了贡献大、荣誉少的幕后英雄。

1968年3月11日，孙永臣因肝癌晚期医治无效，不幸去世，年仅49岁。

老搭档病逝的噩耗如晴天霹雳，令王进喜肝肠寸断，他急忙赶到医院，抚着老战友冰凉的遗体放声大哭。泪眼婆娑之际他发现孙永臣竟然还穿着一身旧衣服，不由得悲愤交加大声质问："你们为什么不给孙书记穿身新衣裳？"得到的回答却是："他平时就没有像样的新衣服，现买又没有布票，花钱也买不到……"王进喜听后转身就奔向二号院（会战指挥部），找到有关领导特批了一套崭新的工作服，亲手为这位患难与共的老战友换上。

在孙永臣的葬礼上，王进喜亲自为早逝的好搭档扶棺，送老战友最后一程，一路悲声不止，泪流满面！

两位一样用生命践行诺言的老搭档，在"我为祖国献石油"的伟大事业中三离三聚，可谓是"惺惺相惜两心知，得一知音死不辞"的挚友典范，如果说

王进喜是少活了20年的时代英雄，那么比他还早两年去世的孙永臣，也是同样用缩短生命的代价践行誓言的模范共产党人。

访谈中，《共产党人王进喜——看铁人是如何炼成的》的作者宫柯谈道："每个时代都会有孙永臣这样的无名英雄，他们的事很少被媒体关注。当所有的记忆慢慢沉淀下来的时候，我们会发现孙永臣的辞世并非个例，在松辽会战这幕大戏中，践行'宁肯少活二十年，拼命也要拿下大油田'的不止铁人王进喜一人，还有许许多多来自天南海北的老会战，是他们用自己的青春、血汗甚至生命拿下了这片共和国最大的大油田。"

以下访自大庆精神铁人精神研究专家、作家宫柯与杨海峰。

孙永臣是谁？

孙永臣，山东人，1919出生，比王进喜年长四岁，身材魁梧，四方大脸，腰板总是拔的挺直，即便改行当了石油钻井工人，行为举止还保持标准的军人作风，英勇果敢的血性让人佩服。

1956年仲夏，刚入党两个多月的王进喜，被玉门油田钻井公司派到被戏称为"豆腐队"的贝乌5队接任队长。为改变落后面貌，党组织又将从抗美援朝战场刚刚转业的孙永臣派到王进喜身边，担任贝乌5队的党支部书记。

铁人王进喜没当过兵，但是非常崇拜从战火硝烟中走出来的铁血硬汉。他和孙永臣一见如故。两人一文一武，优势互补。经过一年多的共同努力，"豆腐队"变成了先进队。可队伍刚有了起色，孙永臣却被抽调火速支援四川会战。一年后，孙永臣支援结束。听说好搭档回来了，王进喜满心欢喜，没想到上级却另有安排。这下王进喜牛脾气上来了，三番五次找领导要人，也都未能如愿。

正僵持不下时，事情突然来了转机。1960年初，玉门石油管理局决定调贝乌5队参加松辽石油会战，王进喜立刻抓住机会，要回了盼望已久的好搭档孙永臣。

老搭档、新战场，两个人不禁击掌相庆，立即合力组织全队职工做好准备，开赴东北。

贝乌5队改新编号为1262，全队37名成员，齐整满编。

是他第一个汇报了是赵大娘叫出的"铁人"

1960年3月15日下午2时许，历经10天10夜的辗转颠簸，终于在3月25日抵达了松辽石油会战的集结地点——萨尔图。

初到萨尔图，王进喜的心思全都扑在了筹备开钻上。而队上30多人的吃、喝、拉、撒、睡的问题由指导员孙永臣一手操持，这方面让王进喜没有操心过。为了搞好工农关系，孙永臣带领职工为接纳石油工人的房东挑水、扫院子、积肥、清理厕所，乡亲们见了他们格外亲切，夸赞这些石油工人是"不穿军装的解放军"。

过了几天，大家好不容易把钻机盼来了，但却没有吊车装卸，情急之下王进喜决定不等不靠，采取人拉肩扛的土办法，拼了命也要把钻机运到井场。

对于这项既要出大力又有危险性的主张，孙永臣带头支持，他太了解王进喜恨不得"一拳头砸出一口油井"的迫切心情了！但过去在玉门打井，转运钻机有专业的钻前准备队！如今要自己干，一些队员肯定有抵触情绪，最重要的是还极易出事故。

孙永臣为此召开了动员会，他先组织大家讨论该不该干的问题。了解青年工人们都爱听当兵打仗的故事，就讲自己抗美援朝亲身经历的战斗，让大伙儿听得入神。当讲到我军已经弹尽援绝敌人又冲上来的情节时，孙永臣问道，这时候我们怎么办？赶紧撤退吗？下面有工人不禁脱口而出："敌人上来了怎么能跑呢，那不成了熊蛋，顶得住的才叫英雄好汉！"

孙永臣马上趁热打铁道："眼前大会战遇到的困难就是我们的敌人，顶不住的是熊蛋，当了逃兵更可耻，连老婆孩子都瞧不起你！"

于是，对立的思想迅速得到统一，这才有了王进喜带领职工人拉肩扛搬运

钻机的惊天壮举。

当时队上37人分住在好几户村民家里,离井位稍近的赵大娘家接待了5个人。这5个人里就有王进喜。可王进喜的行李卷很少打开,赵大娘大半辈子生活在农村也没见过这么拼命工作的人,非要去井场看看——看到了头枕铁疙瘩、身盖羊皮袄累瘫在钻杆堆上的王进喜后,既钦佩又心疼地说出了那句"真是个铁人啊"!

说者无心听者有意,孙永臣马上把这句话牢牢记在了心里。恰巧这时三探区下沉蹲点的政工干部李玉生来到队上了解情况,孙永臣就把赵大娘夸赞王进喜是"铁人"的事情做了汇报。李玉生感到1262队的集体事迹很突出,就向三探区指挥宋振明和书记张文彬做了汇报,最终王进喜的事迹传到了部长余秋里那里,部长一锤定音,就用"铁人"这个称号竖起了松辽石油会战的第一面红旗。

若是没有孙永臣的细心留意和及时汇报,王进喜很可能与"铁人"的名号擦肩而过,从这个意义上来说,指导员孙永臣应该是王进喜成名的第一推荐人。

肝胆相照两心知

作为钻井队指导员,孙永臣就像一位慈爱的大家长。他非常注重细节,除了抓食堂的伙食之外,每天夜里还负责查铺,给累乏了蹬掉被子的工人盖被。他对生病的职工嘘寒问暖,亲自端水送药,并关照食堂做好病号饭。有人因病住院治疗,他必定亲自护送。因此,孙永臣在队里的威信非常高。

孙永臣还有一个让王进喜非常佩服的长处。他开会的时候从不打官腔,却总能把上级的指示精神说得头头是道、入理入心。在1965年7月召开油田政工会议时,铁人曾在发言中由衷地赞叹:"我们的指导员确实好,好得不得了!"足见孙永臣在铁人心中的地位。

1961年2月,王进喜担任了钻井二大队的大队长兼党总支书记。王进喜一上任马上就把老搭档孙永臣调到了大队部,委托他分管后勤工作。

这是两位战友的第三次合作。此时两人的身份已经发生了微妙的变化，不再平起平坐了，但王进喜依然像以前一样敬重他的老大哥。

王进喜与孙永臣又在同一个大队里相处了四年。

1965年初，王进喜创建的钻井二大队小学（铁人小学前身）已初具规模。王进喜觉得自己不适合再兼任校长了，派别人去又不放心，就特意安排文化水平比自己高的老搭档孙永臣去接任。当然这样的安排还有另一层深意，因为王进喜实不忍心让已经积劳成疾的指导员继续承担超限的一线工作了。

当了小学校长，孙永臣依然勤勉敬业，为学校的发展壮大做出了很大贡献。

后来在政治运动中，铁人被残酷批斗，孙永臣不顾自己的安危和重病的身体，跟着流动的批斗会四处奔走，公开站出来为老搭档宣言！也因此招致了疯狂打击，导致身体和精神受到双重摧残，加重了病情的发展。没过多久，孙永臣就住进了医院。

1968年3月11日，孙永臣因肝癌晚期医治无效，不幸去世，年仅49岁。

魏钢焰写铁人：铮铮铁汉藏柔情

共处三载，同吃同住，两个人吵过哭过笑过……

不久前，去"铁人一口井"（大庆油田铁人一口井教育培训基地），又见长眠在井旁的宋振明、季铁中、魏钢焰的墓碑。

想起 2011 年，笔者就曾通过油田作家李学恒连线远在山西的魏林刻（魏钢焰的儿子）。

电话里，当时已是花甲之年的魏林刻，向笔者描述当年父亲留下遗愿时的情景："在父亲的病床前，我陪伴的时间最长。有一天，我跟父亲谈起他的身后事。父亲平静地说，两个方案：找一个山清水秀的地方，把我安在那里。再有，你对大庆也很熟，你看好什么地方，就把我撒在那里的草原上，撒在油田上……"

父亲走了。

母亲说："我知你爸爸的心愿！把他送回大庆吧！"

1995 年 6 月 12 日，正值丁香花开时节。魏林刻在陕西省文联几位同志的陪同下，捧着父亲的部分骨灰，来到了大庆。

他来到了"铁人一口井"，他知道，就是这里。这里就是父亲让他选择的地方……

多日来，笔者访谈多位本土专家，讲述《初升的太阳》被铁人扳了道岔"报告文学集《哥德巴赫猜想》作者徐迟首次披露《铁人在玉门时绰号'石油头'》"等故事，这些写的都是铁人生前与全国的知名作家、艺术家们之间的故事。

这些故事，润物无声，绵力久长。

本篇内容，源自再访孙宝范、宫柯、杨海峰等多位大庆精神铁人精神研究者。

他与铁人相伴三年多

故事，起自1963年12月25日。

那一天，新华社向全世界宣告，中国石油已经实现基本自给，中国人民使用洋油的时代将一去不复返了。随着这一喜讯的宣告，一个一直保密的、当时地图上还没有的名字——大庆，变成了全世界人们的向往之地。

1964年新年刚过，中国作协派出以张光年为团长的作家慰问团来到这里深入生活，搞创作，其中就有魏钢焰。

作家慰问团活动结束后，大部分作家都离开了大庆，而魏钢焰选择留了下来。

孙宝范回忆说："1964年，我在八九栋招待所里搞文艺接待。一天，来了一位西北汉子。他有着高高的个头，灰花的短发，红红的脸膛，嘴里常叼个大烟斗，平时两个嘴角总是向上翘着。每天采访完，东屋走西屋窜，高声大嗓，笑声不断。他就是魏钢焰，一个名字含金带火的人。"

与其他人不同，魏钢焰只在招待所住了几天，就要求到钻井二大队与工人和铁人生活在一起，与他们同吃同住。

那时，石油工人住的是列车房。

从此以后，三年多的时光，魏钢焰与铁人经常相随相伴在一起。孙老说："他是个急性子，也是个直性子。与铁人很谈得来，特别投机。可也因为他的性格，有时与铁人谈着谈着就吵起来了。"

吵，是因为两人性情形同，都有着相同的民族自尊心，有着刻骨的爱国情意。大家都觉得，这位西北汉子与铁人特别投缘，是志同道合的好朋友。

铁人把他带到了"大队陵园"

杨海峰的讲述,俨如在详叙和证验孙老的故事——

魏钢焰在文化大院安顿下来后,就得到了铁人在二号院小会议室做报告的消息,他马上就去见了这位未曾谋面的大庆铁人。

虽然报告会已近尾声,只能看见头戴前进帽,身穿工作服的铁人在用高亢的甘肃乡音讲话。因为魏钢焰挤不到前面去,就只能站在门口听到了只言片语:

"没有毛主席和党,我早被扔到玉门东岗上喂狼了。像我这样的工人,全国哪里没有?要没有共产党革命的炉火,我们还不是毛矿一块?1959年国庆观礼,让汽车上的煤气包一下把我压醒了!从那时起我的肩膀上就放上了国家的压力!不知从哪儿冒出那么大的劲,不要说井架子,就是座铁塔也能把它立起来!没吊车怕什么,抬呀!"

听到这段话,心胸坦荡、性如烈火的铁人像一块大磁铁,瞬间让魏钢焰产生了相见恨晚的亲近感。

从此以后,魏钢焰黏上了王进喜,王进喜走到哪里他跟到哪里,走得越近了解的越多。王进喜不愿意让作家们写自己,每当魏钢焰采访的时候,他不谈成绩,只讲自己的缺点和教训。

魏钢焰有些不解,铁人把他带到了"大队陵园"。

"大队陵园"实际上就是一块有几座坟头的墓地,都是在石油会战中因公罹难和因病去世的钻井队职工。铁人亲自挑选的这块墓地,在石油会战的四年里已经安葬了几位他时刻怀念的工友,每次来到这里王进喜都要脱帽肃立,心情沉重得如同压上了一块巨石。

他沉吟了好一会儿,叹了一口气,才对魏钢焰说:"瞧瞧吧,人家父母把活蹦乱跳的娃子送到咱这里,可是我没照顾好他们呐,年轻轻地就走了。想起这些娃,我就痛心呐!古时候杨家将为国杀敌,后人给他们写了戏文。我们的工人为甩掉国家贫油的帽子牺牲了生命，请你们也为他们写戏出书吧，让子孙后代不要忘记他们！"

句句话像重锤，敲击着魏钢焰。他理解了他为什么不愿意讲自己的成绩了！

对此，孙宝范讲，铁人对魏钢焰说"……一句话就是不要写我，我有什么可写的，要写工人。"在铁人这副铁骨铮铮的身躯里，深藏着愧疚的柔肠。

铁人说："天天说英雄，这才是英雄哩！"

转眼到了1965年，铁人升任钻井指挥部副指挥。形影不离的魏钢焰也跟着搬到钻井指挥部，他发现铁人比以前还忙。魏钢焰又很不理解，那些孩子哭、老婆闹的琐碎事不在铁人分管的业务范围，为什么非要管呢？

铁人笑着说："有什么办法？谁让咱是共产党员，这些不上了台面的小事，也总得有个人管嘛！家属大嫂没油烧，几十里外的钻工就觉着冷啊。咱不能把马列主义、党的方针政策放在文件夹子里！对不对？"

简单朴实的话像一道闪电，投在魏钢焰心上，他把所见所闻融入自己的亲身感受，写成了一篇散文《忆铁人》，在文学期刊上发表：

一天，铁人带我去家属基地。刚踏进托儿所外门，就听见一阵哭声。铁人急步推开保育室的门进去，只见一个小娃正坐在地上哭鼻抹泪。铁人提高声音问："阿姨呢？"一个敦实淳朴的中年职工家属，抱着个孩子匆匆走来。铁人严词批评她："钻工们在一线苦战，你却任由他们的孩子哭？……"她望着铁人，不作声，不辩解……当我们回去的时候，一位干部随车到前边办点事。当他到了下车地点时，说："老铁同志，那阿姨是个好同志。她抱的是别人的孩子，坐在地下哭的那个娃，倒是她的亲骨血咧！"铁人睁大眼睛："噢？……咳！"他向司机喊道："掉头，回去！"小车急忙开向托儿所。一下车，铁人急忙进门，四下找看，发现那小娃已洗净了泪脸，正坐在小凳上抱着球玩。他一把把娃娃举起来看着，看着，紧紧地搂在胸前。

魏钢焰最初没有打算写这件小事，那天晚上铁人找他提建议："你应该把今

天的事写一下。看那位大嫂任自己的亲骨肉在地上哭，手里头抱的是钻工弟兄的娃！还让我一通教育，把有功当有过的批评了，她不还嘴不生气，就那么笑呵呵地听着。老兄啊，你我能办得到吗？天天说英雄，这才是英雄哩！"

那一夜熄了灯，魏钢焰还听见铁人在床上辗转反侧。魏钢焰脑海里涌现出工人们夸奖铁人的话："砸碎了铁人的骨头，也找不出'我'字的渣渣来！"于是，起身动笔……

《忆铁人》与《大庆的心》

3年的时光，魏钢焰与铁人、与大庆结下了不解之缘。他饱含深情地写下一大批歌颂大庆、歌颂铁人的作品。其中，《绿叶赞》《忆铁人》享誉全国。

1970年11月，得知铁人逝世的消息，魏钢焰悲痛万分。他把铁人的照片摆在家中，设了灵堂，悼念铁人。

1973年，魏钢焰再次来到大庆，可惜铁人却不在了！他多么希望能再见到铁人——

积雪，在脚下吱吱作响，我穿过茫茫雪幔缓行。铁人，我再也无法和你肝胆相照的谈话了。我那时为什么要匆匆离开你呢？在和你一起生活的日子里，我怎么没有好好珍惜！

从板房的窗口射出的灯光，把垂在檐下的冰条照得晶莹剔透，我折了一根，回到房中，把它靠在桌上的钢盔旁，凝望，沉思，眼前又重叠着，我与你相处的那些日子……

20世纪80年代，魏钢焰再次来大庆故地重游，回想起与王进喜朝夕相伴的日日夜夜，魏钢焰心潮难平，写出了又一篇散文《大庆的心》，发表于《人民日报》副刊。

101 岁李德生院士三页手稿忆铁人

铁人王进喜纪念馆收藏了一份特殊藏品

近日,铁人王进喜纪念馆接收了一批特殊藏品,这些藏品多是由大庆油田文化集团电视中心的工作人员转交代捐。

事情背景是这样的,在铁人王进喜同志诞辰 100 周年之际,大庆油田文化集团特别成立"铁人事迹"专项采访项目组,策划设计了采访铁人家人、铁人队友、离退休老领导、专家学者等六大类百余人的采访计划。采访过程中,不仅采集到生动的铁人故事,更有许多受访者用特别的方式缅怀铁人。为了把这些承载世纪深情的物品珍藏起来,电视记者们积极联系铁人王进喜纪念馆捐赠事宜,及时办理代捐赠手续,将这些藏品纳入纪念馆的专业管理与保护。

其中,大庆油田发现者之一的李德生院士,在接受采访时的提纲手稿,引起深度关注。

灯下阅读,一字一字……李德生院士的三页手稿慢慢将读者代入到那山高水长"为国找油"的岁月里,到那感天动地"为国献石油"的大历史中。

"历史的细节,是藏品研究的关键所在,藏品是博物馆的灵魂!"正如铁人王进喜纪念馆馆长苏爱华所说。

虽只有三页言语朴素的手稿,因其真实,却有万钧之力,使人长久感动。

铁人,如一部正放映在露天广场的黑白影片,就在这字字句句中向我们走来。

松基三井纪念碑上：刻着李德生的名字

李德生是谁？

在大庆油田发现井松基三井纪念碑上，镌刻着23位为发现大油田做出突出贡献的共和国功勋者，他的名字就在其上。

在一篇报道文章中，有这样一句描述："为实现'为中国找油'的理想，他一生四海为家，几乎中国每一个大油田，都有他用小地质锤敲打过的痕迹。"

1922年，李德生出生于上海。是石油地质学家，是大庆油田发现过程中的地球科学工作者之一。1991年当选为中国科学院院士（学部委员），2001年当选为第三世界科学院院士。第六届全国政协委员。自1978年以来，任中国石油勘探开发研究院总地质师、教授级高级工程师、博士生导师。1982年，获国家自然科学奖一等奖。

李德生1945年于重庆国立中央大学地质系毕业后，主动申请到玉门油矿。

1945—1978年，李德生穿行在我国的崇山峻岭、戈壁荒原和油田矿区之间，在找油找气的工作中一直践行着。从西部玉门油矿、延长油矿，到东部台湾油气田、大庆油田、吉林油田、胜利油田、大港油田、华北油田、辽河油田、中原油田、冀东油田和渤海海域油田，中部四川盆地和滇、黔、桂油气区，再到西部准噶尔、塔里木、柴达木、吐哈等油气区和青藏高原等地区，都留下了他工作过的足迹……

"1959年9月26日，松基三井喜喷工业油流，但石油工业部部长余秋里连连发问：这个油田到底有多大？是大油田还是小油田？是死油田还是活油田？随后在1960年元旦地质部送来一份地震地质图，图中显示松辽盆地北部，也就是松基三井北边还有连续三个构造！余秋里破例，决定打破常规，甩开勘探，火力侦察——李德生院士，正是这'三点定乾坤'萨66井、喇72井、杏66井的井位设计者，所以说确定大庆油田到底有多大，李德生院士起到了关键性作用，这也是他对大庆油田的主要贡献之一……"《大脚印——大庆油田勘探开发历程揭秘》作者，大庆精神铁人精神研究专家宫柯解读说。

院士手稿披露："王进喜向我要井位"

在接受"铁人王进喜同志诞辰100周年专项采访"的提纲手稿中，李德生院士这样写到（截取其中部分内容）——

……今天大庆的同志们前来采访"纪念铁人王进喜诞辰100周年"资料，使我又回忆起，半个世纪前我们为油而战的一些往事。

王进喜1923年10月出生于玉门县赤金村一个贫农家庭，16岁进玉门油矿当小工。我于1945年在四川重庆中央大学地质系毕业后，应聘到玉门油矿地质室当实习员、技术员，在甘肃河西走廊东起高台西至敦煌的戈壁滩上进行重磁力探勘工作，还三次进入祁连山进行地质踏察，和王进喜在工作上并没有交集。

1949年玉门油矿解放后，在1950年王进喜报名成为一名钻井工人，后被提拔为钻井队长，1956年4月又加入中国共产党。

1956年王进喜率领1259井队在老君庙油田以北，新发现的白杨河油田打探井，所钻3口探井，在古近系—新近系白杨河组下面的火烧沟地层见工业油流，每口井日产油约3吨。1957年夏天，王进喜来到局总地质师室见我，说他要创造中型钻机快速钻井的新纪录。要求我成排地给他生产井位。那时局生产办公室决定早日探明南边的鸭儿峡油田和北边的白杨河油田储量和产量，为玉门1958年创造年产油100万吨做准备，所以我就给了王进喜一排生产井井位，井距500米。他很满意地回到白杨河油田，组织井队快速钻井、完井，快速搬迁。1958年9月，他率领1259钻井队创造了BY钻机月完钻5口井，进尺5000米，快速钻井完井记录，受到玉门矿务局的表彰。

铁人纪念馆馆藏研究室主任张雷解读：李德生院士讲述的这部分内容，正是铁人王进喜带领钻井队在玉门创出月进尺5009.3米的全国钻井最高纪录，被誉为"钻井闯将"的时期。在1958年10月召开的新疆克拉玛依现场会上，石油工业部部长余秋里亲手把"钻井卫星"红旗授给王进喜。1959年9月，王进

喜被选为全国劳动模范和全国"工交群英会"代表。也正是这次参会，铁人王进喜看到北京街头行驶的公共汽车上背着煤气包而泪洒沙滩！

他第一句话就问："我队的井位在哪里？"

李德生手稿（截取部分内容）——

1960年3月中旬，大庆会战期间，王进喜率队从甘肃玉门来到黑龙江草原上的萨尔图车站，卸下钻机，在草原上搭起帐篷。当时，大庆石油会战总部设在安达县，距萨尔图车站超过30多公里，总部下设油田组、钻井组和综合组、实验室等。油田组担任萨尔图油田详探井和生产试验区注水井、生产井的布井任务和试油试采任务，油田组组长是焦力人副指挥，我和童宪章是油田组副组长。如果安达总部没有重要的会议，我和童宪章就自己驾驶一辆69嘎斯汽车，从安达县到萨尔图车站去寻找失联的井队，由于草原上搭起的帐篷上都有井队的番号，我们很快在帐篷里见到1205钻井队队长王进喜。

他见我们第一句话就问：我队的井位在哪里？

我告诉他，第一口井位是萨尔图车站以南的详探井萨55井，在距此约10公里的马家窑附近。并请他坐我们的69嘎斯车到萨55井位标桩处下车，能看到井位附近的一个小水泡子也有配泥浆的水源。王进喜下车在井位四周走了一圈，我还建议他派地质技术员和钻井技术员赶紧去大同镇的松辽石油地质室，参照附近已完钻井资料，做出萨55井钻井地质资料和钻井工程设计，开钻后要取全取准设计上规定的数据资料……

我们开车回到萨尔图车站，与王进喜告别。之后我们难以想象他率领全队工人克服重重困难人拉肩扛装卸钻机……只用了五天零四个小时，就钻完了萨55井设计井深，创造了当时的最高纪录……

李德生院士手稿中，接下来就写到了马家窑赵大娘说出"你们队长，真是个铁人"；又写到 4 月 29 日大庆石油会战誓师大会上，余秋里部长高呼"向铁人学习，人人争当铁人"；铁人王进喜登台吼出了"宁可少活 20 年，拼命也要拿下大油田"的雄心壮志……又在文中最后，无限怀念地写到铁人逝世……一份采访手稿，寄托了一位科学家亲历、亲证的历史，让历史更具凿凿力量，更含缕缕真情！

亲历者谈：《大庆战歌》诞生过程

周总理亲自指示拍摄"艺术纪录片"电影导演张骏祥补拍松辽石油会战

它是一部在周总理亲自指示下拍摄的艺术纪录片；

它是一部全面介绍松辽石油会战的影片；

它是一部原型人物本色出演的影片；

它是传世的经典影像——如今我们所熟悉的"铁人勇跳泥浆池""人拉肩扛运钻机""端水打井保开钻""万里测温""万点调查"等视频资料，都出自这部影片；

由于特殊的历史原因，它被尘封了十年之久，等它终于上映时，有些当事人已经过世，再也看不到了；

它就是《大庆战歌》！一部在人们的记忆中经久不衰的影片。但它的诞生及拍摄过程，却少为人知。因纪录片的主体部分，1960年春天开始的松辽石油大会战，是在国民经济遭遇严重困难的背景下秘密展开的。当时照相机、摄影机是十分少见的稀罕物，不可能对当时发生的一切进行跟踪拍摄。

那么，这些传世的经典影像从何而来？解开这个疑问还需从"工业学大庆"说起。本篇故事，访谈多位亲历者及各界专家，揭秘《大庆战歌》诞生过程。

1965年春天，《鸡毛信》编剧张骏祥导演来了

北国冬雪飘，南国春阳暖。

接到笔者电话的时候，80多岁的赵明勋此时正身在南方，但他的思绪随着

追忆，慢慢回到了 1965 年北国大庆的春天，当年他是《大庆战歌》摄制组参与者之一。

赵明勋，1962 年大学毕业后被分配到大庆参加石油会战，曾在报社担任新闻记者，1995 年任大庆市广播电视局局长兼党组书记。以下是赵明勋的讲述——

1965 年 3 月 8 日，《战报》编辑部主任傅广诚同志通知我，去大庆政治部宣传部报到，后徐文野部长让我参加一个电影摄制组。

原来，在这一年春节过后不久，大庆油田迎来一批上海电影人，他们是上海海燕电影制片厂组织的一个强大的拍摄班子，带队的张骏祥是上海电影局的局长、著名导演兼编剧。新中国成立之前，他曾留学美国耶鲁大学，专攻戏剧和电影，执导过《翠岗红旗》《新安江上》《白求恩大夫》等经典故事片，他创作的剧本《鸡毛信》更是经典中的经典。

我到宣传部报到后，徐部长带着我，还有孙宝范、向宁康等几位同志见到了张骏祥，慢慢知道了事情的原委。

一切都要从"工业学大庆"说起！

——1964 年初毛泽东发出"工业学大庆"号召，一时间在全国掀起宣传大庆的高潮。随着歌曲《我为祖国献石油》的家喻户晓，话剧《初升的太阳》在北京巡演，人们迫切需要了解石油部门怎样在困难的时间、困难的地点、困难的条件下一举拿下了大油田的？

而早在此之前，张骏祥就从新闻媒体宣传中了解到松辽石油会战感天动地的故事，凭着多年搞电影的经验，马上认识到这是创作一部反映中华民族自强不息精神故事片的好题材。于是，便满怀激情，着手实践。

周总理亲自指示拍摄，定为"艺术性纪录片"

亲自布置这项任务的人是国务院总理周恩来！

翌日，笔者拨通孙宝范的电话。他与赵明勋一样，同为当年《大庆战歌》摄制组负责写剧本的成员之一。

"张骏祥最开始准备拍摄的是故事片,后来请示周总理,周总理亲自指示先拍摄一部'艺术纪录片'!"孙老说。

事情的原委是这样的——

1965年初,张骏祥作为全国政协委员去北京开会,向周总理汇报了要去大庆油田,创作拍摄一部以石油大会战为题材的故事片。周总理听了很高兴,他说:拍大庆故事片很好,但你们不太了解大庆,马上拍恐怕不行,建议先拍一部纪录片,在半年之内拿出来,让大家知道大庆会战是怎么打上去的!

张骏祥提出:大庆会战一些重要事件没有留下电影资料怎么办?

周总理讲:建议"你们可以像《军是战歌》那样,重要的事件如果当事人还在,可以补拍,把过去做过的事情再重新做一遍,这时你们就可以把它拍下来了。"

张骏祥问,那还叫纪录片吗?

周总理说:可以叫艺术性纪录片嘛!艺术性纪录片与新闻纪录片有区别,但本质上还是纪录片,不是故事片。总而言之,你们通过拍艺术性纪录片,与大庆工人一块战斗,深入生活,积累创作素材,为拍故事片做准备。纪录片的剧本创作要搞"三结合",吸收大庆人参加。

艺术纪录片,是指用真人、实物、实景模拟当时的状况进行逼真的表演。这是让时光倒流,对于没有电脑模拟的20个世纪60年代,是一项相当艰巨的任务。随后,解放军总政治部的文化部部长刘白羽又奉周总理指示,来到大庆协助张骏祥策划拍摄。

这里还有个关键问题——影片中主角王进喜谁都不能替代,必由他本人上镜,才反映真实性。但如果铁人不配合,再天才的导演也是无计可施。

"如果当演员,铁人也一定是一位'功勋演员'"

果然,铁人坚决不同意自己演自己。他说:"事情已经过去了,还补拍个啥么!我忙得很哩,哪有工夫跟你们拍电影。"

这可让张骏祥犯了愁，只好去搬救兵。经过徐今强、季铁中、刘白羽等人的彻夜长谈，也没能说服。最后只好动用杀手锏，以周恩来总理的名义给铁人下达任务，才达成配合拍摄的口头协议。

但铁人提出一个要求，他说："我可以带领1205钻井队的原班人马，把那些情景重复一遍，但是导演不能干涉，我当年怎么干的就怎么演，不摆花架子，实打实地干一遍。"

张骏祥答应了铁人的要求。铁人这才接受任务。

赵明勋讲述——

1966年春夏之际，大庆的天气乍暖还寒，《大庆战歌》的拍摄进入关键阶段，摄制组决定在油田中区南部的一口井上拍摄"人拉肩扛"的重场戏。

1205钻井队四五十个人都参加拍摄，场面很大。张骏祥站在摄影师的身旁，在一辆卡车上手拿话筒掌控全局，孙永平、天然两位副导演靠前组织拍摄场面。这时，钻台已安装完毕，铁人站在钻台上指挥工人往钻台上抬钻机绞车，这可是一件庞然大物，有四五吨重，完全靠人力把它从平地抬到两米高的钻台上，谈何容易？铁人让工人把四根钻杆斜搭在钻台上，用撬杠和棕绳，通过钻杆的斜坡，一点一点，把绞车向上滑动。铁人一会儿在上面用手拉棕绳，一会儿又下来用撬杠撬。当钻机绞车快要搬上钻台时，铁人高声喊着号子："一、二！……一、二！……"双手上下有节奏地拼命挥舞着指挥大家，一鼓作气把绞车拉上钻台，全然忘记了是在拍电影。

张骏祥被眼前的场面深深震撼了！他后来回忆说：铁人带领1205钻井队工人生龙活虎般地再现了当年人拉肩扛的情景，特别投入，一点没有做戏的感觉，他暗自夸奖铁人：如果当演员，他一定是一位"功勋演员"。

真实复原再现"千军万马战荒原"

除了赵明勋、孙宝范外，笔者在访谈过程中，又与张彬、杨海峰等多位专家认真梳理。

张彬谈道：这部纪录片可以说是一部原型人物本色出演的影片，比如拍摄"五把铁锹闹革命"的时候，天气不太好，草原上风很大，摄影师建议推迟一天，张骏祥就问薛桂芳，当年你们开荒是什么天气？薛桂芳说，大庆的春天总刮风，就是这样的天气。于是，张骏祥果断决定："拍！"

赵明勋讲述——

1966年6月，张骏祥被召回上海，离开了《大庆战歌》摄制组。好在重场戏大都拍完，《大庆战歌》1966年9月基本拍竣，做成送审片，拿到北京等候周恩来总理等中央领导审查。

我和摄制组部分同志继续配合补拍外景。我们从哈尔滨飞机制造厂请来直升机试飞机组在大庆上空进行航拍；由老部长余秋里出面联系，从中国人民解放军原总后勤部调来200顶帆布帐篷，在大草原上搭建起来，补拍1960年初千军万马会师大庆的宏伟场面……到了当年11月份，形势急转直下，《大庆战歌》这部来之不易的珍贵影片被封杀，直到1976年10月才得以重见天日。

杨海峰谈道：已故的周恩来总理和铁人王进喜，无缘观看这部重见天日的《大庆战歌》。但是，千千万万中国人通过这部并不真实的纪录片电影，看到了真实的大庆石油会战，真实的王进喜。

铁人作报告，热满京城

一张铁人手书，牵出如烟往事，那一年——

他捐出了铁人手书

2011年10月的一天，时任中国证监会黑龙江监管局党委书记、局长，现任中国证券投资基金业协会副会长的曹殿义到大庆走访。曹殿义很郑重地提起一件事，他有个朋友叫杨小兵（中国证券业协会副秘书长），杨小兵有一张王铁人手书《红灯记》中李玉和的一段唱词，想要捐给大庆（铁人王进喜纪念馆）。

同年10月31日，铁人王进喜纪念馆的两位同志奔赴北京，见到了杨小兵一家。

杨小兵征得了九旬老母亲的同意后，把铁人手书捐给了铁人王进喜纪念馆。

杨小兵说，他父亲是原中央广播事业局新闻部主任杨丹。

在整理父亲的遗物时，发现在一本《鲁迅全集》里夹着一张发黄却叠得很整齐的纸。杨小兵回忆父亲生前"常阅读的书就有《鲁迅全集》，这本《鲁迅全集》里全是家父写的眉批、夹批。不难想象，家父在阅读《鲁迅全集》时，肯定多次重温铁人手书，因为现在那手书的折叠处已经发毛破损了……"

杨小兵说，他依稀记得，1966年，全国工业交通工作会议和全国工业交通政治工作会议于2月17日在人民大会堂召开，特邀王进喜作报告，报告题目是《读毛主席的书，听毛主席的话，为无产阶级革命事业奋斗一辈子》。当时，父亲在中央人民广播事业局对内部（即中央人民广播电台）工作，因为这个机会，父亲有幸采访了铁人。

"家父和铁人生于同年,家父生日稍大,这也让两人相遇后备感亲近。当时家父好像还提到了请铁人吃饭,但到底在哪儿吃的、吃了什么或者到底吃没吃,我现在说不清了。"

杨小兵回忆说,好像就是那次饭后,父亲和铁人在一起聊得高兴,又说又唱的,铁人一边唱一边"一笔一划"地默写了那段红灯记的唱词赠送给了父亲,只是没有填写日期。"1966年2月18号"的日期是父亲回家补写上的。带着杨丹的遗物——铁人手书,铁人王进喜纪念馆的工作人员回到大庆。大家都认为,签名是铁人的手迹,但唱词不像是铁人写的。

为弄清真相,铁人王进喜纪念馆研究部主任许俊德与研究部编辑史金龙在一个午后来到了蔡沛林的家中。

蔡沛林,是当年唯一一个陪铁人赴京的见证人。拿着这张手书,老人陷入对往事的回忆中——(以下是蔡老的追忆)

手书牵出如烟往事

1966年开春,全国工业交通系统要召开大会,特邀铁人王进喜去作报告,以进一步推动工业学大庆的热潮。

2月2日,王进喜提前进京。石油工业部部长康世恩看了讲演稿,决定让铁人重新再写一份。康部长明确指示:王进喜同志没什么文化,拿着稿子念,肯定不行。派人帮他重新准备,不拿稿上去放开了讲,一定要讲出铁人风格,铁人特色,铁人精神!而王铁人点名要我帮他准备讲稿。

我跟铁人住进石油工业部地兴居招待所,他不习惯睡弹簧床,嫌睡下"窝"得难受,扯了张床单就在地板上睡觉。坐软沙发他也嫌"窝"得慌,找服务员要了一张硬板凳,就这样,我们坐着商谈了几天几夜……

铁人的语言极富个性,词汇丰富,他每说出一句有个性的话,我就赶紧记下来,只是把原稿中的"大众话"换掉了……

2月16日,全国工交会的代表在人民大会堂听王铁人作报告。台上坐的是国家领导人，台下是国家机关和各省市自治区的相关领导干部。

我作为王铁人的临时秘书，坐在台下第五排边上。

国务院副总理余秋里陪同王铁人出现在主席台上时，全场掌声雷动。王进喜头戴前进帽，身穿48道杠的棉工服，脚蹬大头鞋，红光满面，两眼笑眯成一条缝，不停地拍着手。走上讲坛后，他摘下帽子放在讲台旁上，又脱下棉衣卷成筒放在脚边，身穿一件紫红色毛衣。首先，他恭敬地向毛主席像深深地鞠了一躬，转身向台下又鞠一躬。立在嵌有红五星的讲坛上，铁人先来了个开场白，他说："各位领导，我叫王进喜，从小给地主放牛，没进过学校门。今天来汇报，也没拿稿子，讲错了，请领导批评指正。"

王铁人一点儿也没紧张，就像平时对钻井队员讲话一样，连说带比划着，表情丰富，抑扬顿挫的西北口音，讲得声情并茂。富有个性的语言妙语连珠，使会场的气氛高潮迭起。

他讲人拉肩扛卸钻机时，有人讲怪话："为什么不等吊车来了再干，哪有这么蛮干的！"王进喜先解释一句说："当时向玉门要的吊车未到。"然后，两眼一瞪，像是对讲怪话的人说："坐地等花开，能等出一口井吗？我们全队几十号人，大家一齐动手，还不顶它几台大吊车！"他把衣袖一挽，像要动手打架的样子，扯开大嗓门儿说道："我们就是有条件要上，没有条件创造条件也要上，拼命拿下大油田"。那急国家之所急的激烈情怀，想赶快改变我国石油落后面貌的猛士气概，令人振奋，赢得满堂热烈掌声……

讲演之后，中央和国家机关以及北京市和解放军各部，纷纷来邀请王铁人去作报告。康部长只同意王铁人上中央人民广播电台和北京电视台演讲（当时还没有中央电视台）。

我跟王铁人跨进中央人民广播电台大门后，杨台长陪我们登上他们院里的最高层，俯瞰北京市容。然后，在一间明亮的小屋里，杨台长让王铁人敞开谈，铁人整整谈了三个多小时。谈完以后，杨台长还请我们吃了午饭。后来，杨台长他们将录音整理出来，在工人节目中连续播了好几天。

随后，北京电视台来邀请铁人的同志说："最近几天，首都的街头巷尾都在

谈论王铁人。根据北京市民的强烈要求，电视台领导决定打破常规，在黄金时段拿出半小时，请王铁人放开讲。"

《北京日报》也发消息称，为满足全市人民的要求，北京电视台特邀大庆铁人王进喜同志，于2月23日晚间黄金时段，直面观众讲演，欢迎收看。

2月23日晚饭后，我随铁人来到北京电视台。王进喜摘下前进帽，脱去棉衣，还是那件紫红色的毛衣。在讲演来劲儿以后，他嫌坐着讲不得劲，索性站起来，连比带划地讲，表情丰富，语言生动，妙语连珠，风趣幽默。现场观众听得兴高采烈，不停地鼓掌，还有的小青年蹦高叫好，热烈的气氛非常感人。

灼热的聚光灯，照得王铁人汗流满面，他不时挽起衣袖擦汗。讲到快半小时了，电视观众打来电话，提出要求说，"以下的其他节目，我们不看了，让王铁人继续讲吧。"就这样，王进喜一直讲了53分钟，在最后说"再见"时，现场观众还跳跃着挥手意犹未尽。那晚"王铁人！王铁人！"的欢呼声，在北京城的夜空里久久地回荡。

第二天下午，我陪王进喜去参观《收租院》画展，车刚开进美术馆大院内，身后不知是谁大喊了一声："王铁人来了！王铁人来了！"排队的人们都跑来看王铁人，把轿车包围得水泄不通。机智的司机跟铁人下了车，陪着铁人神采飞扬地拍着手，昂首阔步穿过闪开的一条长长的人巷，在"王铁人！王铁人！"的欢呼声中，步入展厅。当时我感觉，人们就像热烈欢迎国家元首一样欢迎铁人，我从旁边跑入展厅，展厅内也乱了套，参观的与解说的都围上来看铁人……

铁人手书"真相"还原

蔡老的故事讲完了！许俊德和史金龙陶醉了好久才回过神来。两人分析，从蔡老的回忆来看，有两点和杨小兵说的一致。一是接待他们的广播电台领导姓杨，应该就是杨丹。二是杨台长确实请铁人和蔡沛林吃了午饭。唯一不一致的地方就是铁人作报告的时间，杨小兵说是2月17日，蔡沛林说是2月16日，相差一天，应该不会有什么问题。

之后，许俊德与史金龙又去找孙宝范求证。孙宝范认为：唱词肯定不是铁人写的，铁人即使一笔一画地写，也写不出来这么漂亮的字。

但"王进喜"签名肯定是铁人的笔迹，"送给杨丹同志"六个字中"杨丹"也不像铁人写的，这两个字的笔迹、大小跟"送给""同志"不一样。可能是当时铁人不知道杨丹名字咋写，就空出来，让杨丹自己填的。落款日期也不像，当时铁人书写习惯一般不写年、月、日，而是用顿号间隔。

孙宝范对落款日期笔体的猜测和杨小兵说的一致。

尤靖波：铁人"五讲"真迹来历是这样的

一位石油工人历经千辛追寻铁人王进喜"五讲"手书！

北京人民艺术剧院国家一级演员李光复竟是"五讲"文物原始主人！

讲进步不要忘了党
讲本领不要忘了群众
讲成绩不要忘了大多数
讲缺点不要忘了自己
讲现在不要割断历史

大庆油田王进喜
1966年10月4日

在铁人王进喜纪念馆展线上，一件文物历久弥新，熠熠生辉。这件文物，就是铁人王进喜"五讲"手书真迹。"铁人五讲"来历曲折，情节动人，感人至深！

2018年8月18日，有粉丝爆料：在大庆铁人王进喜纪念馆偶遇电视剧《人民的名义》中一身正气的郑西坡"——新中国功勋艺术家、北京人民艺术剧院国家一级演员李光复。看到这个名字，人们自然会想起很多经典角色——《正阳门下》里的收藏家破烂侯、《历史转折中的邓小平》里的领导人胡耀邦……这位有着"国民父亲"之称的艺术家，曾多次来大庆，因他与大庆有着特殊的渊源——他正是铁人亲笔手书"五讲"文物的原始主人。

2022年10月18日上午，在石油科技馆，笔者与原大庆石油管理局局长助理、当年铁人王进喜纪念馆布展领导小组负责人尤靖波见面，详访"铁人五讲"发现过程。

【缘起】最先发现者：一名石油工人的深情

2007年初春的一天，一名石油工人来馆捐赠。这次捐赠，立即在全馆引起轰动，而后又在整个油田引起巨大反响。因为，在他捐赠的这本《毛泽东语录》扉页背面上，出现了铁人王进喜亲笔题写的"五讲"！

捐赠者关彦良。

日前，笔者终于通过中油测井大庆分公司党群工作部的王薇联系上关彦良。在钻台上进行测井工作的关彦良，憨厚朴素，今年已53岁。

所有生命中看似偶然的机缘，实则都是人生必然的呈现。关彦良出生于黑龙江省五常市，童年时常听大庆石油大会战的故事，人拉肩扛、铁人跳泥浆池……铁人王进喜成为他年少时心中的英雄映像。1994年，关彦良当兵退伍后到大庆油田工作，从此开始着迷于搜集和收藏与铁人有关的文物。

2000年前后，关彦良偶然听说，北京一位收藏大家那里，有一本关于铁人手迹的文物。听到这个信息的当天下午，他就急匆匆赶到北京，但人家不卖——"因为英雄手迹无价！"

直到2006年底，关彦良为此跑去北京十几趟，对方终于被这个朴实的石油工人感动。关彦良把自己手中价值不菲的文物送给对方，又点了两沓现钞，终将"铁人五讲"捧回。

【追访】成立研究小组，赴北京寻找李光复

此前41年光阴里，"五讲"从未出现！人们只知道铁人的"三讲""四讲"。关彦良花费高昂代价寻回的这件文物，到底是不是铁人王进喜的手迹？这成了

最关键、最迫切的问题。

"'铁人五讲'是铁人精神的最集中体现,无论对过去、现在、未来,都具有深刻的现实意义!"时任铁人王进喜纪念馆馆长、现任大庆油田党委宣传部部长辛伟强如获至宝,激动地说。经研究,立即由铁人王进喜纪念馆成立"铁人五讲"手迹研究小组,追寻这本毛主席语录的拥有者和"铁人五讲"手迹的来龙去脉。

"铁人五讲"写在一本《毛主席语录》本上,打开封面,扉页上方的字是:"热烈欢迎各地来京革命师生"。挨着五角星的空白处是两个人的名字,上方人名是:"奴尔马木提"。下方人名是:"李光复",名字下方和扉页的最下边各有一行钢笔字,分别是"北京人民文工团(前北京人民艺术剧院)""一九六六年九月三十日于首都剧场"。扉页翻过去,就是"铁人五讲"。

鉴定这到底是不是铁人手书"真迹",唯有进京面见——"李光复"!

几经周折,研究小组终于通过北京人民艺术剧院,与艺术家李光复联系上。

2007年10月26日,由尤靖波带队,与辛伟强等一行七人组成的研究小组,踏上去北京寻访李光复的行程。

【真迹】李光复鉴定:19岁那年偶遇铁人

41年漫漫岁月已逝,但李光复在电话里就马上确认,铁人的确给他签字写过"五讲"。

2007年10月27日,大家终于见到了时年已61岁的李光复。当把小本本递给他时,他激动不已,热泪盈眶。这本《毛主席语录》正是他的,上面的签名和字体他再熟悉不过了。

"久违的'红宝书',没想到40多年后,又能回到我眼前!"李光复凝视着铁人的题词,历史慢慢清晰起来。采访是在辛伟强的主持下进行——

1966年10月4日上午,19岁的李光复在单位上班。新疆的朋友奴尔马木提和他一起去后台时,看见在一楼走廊的沙发上坐着一个熟悉的身影,那打扮、那面孔他在照片上多次见到——"铁人王进喜!"他叫出声来。

两个年轻人跑过去,铁人的身边还站着几个人,他们正在交谈。铁人见有人认出他来,就"嘿嘿"一乐,准备站起身,李光复忙说:"您别动,别动!"就和奴尔马木提蹲到铁人身边一起攀谈起来。

李光复好奇地向铁人询问:"大庆的干打垒是怎么盖的?""您当时跳泥浆池用身体搅拌泥浆?"……对李光复来说,铁人跳泥浆池是英雄的壮举,但铁人说那是石油工人的职责!铁人说得朴实,这让李光复更加激动。

奴尔马木提是柯尔克孜族,比李光复小两岁,他对铁人说:"我们新疆人民也非常喜欢您,敬佩您!"因为见到了崇拜的英雄,奴尔马木提深情地用维吾尔语为铁人唱了一首《歌唱解放军》,铁人高兴地鼓起掌来,并热情邀请他们到大庆油田演出。

这时,李光复突然觉得,应该让铁人给他签名留念,于是掏出随身携带的《毛主席语录》,请铁人签名。铁人把《毛主席语录》放在沙发扶手上写上——"大庆油田王进喜"!李光复拿过小本子,觉得应该让英雄写几句话勉励自己——"五讲"就这样"诞生"!

李光复说:"铁人的这几句话指导我一生!"他还把"五讲"题赠给好几位朋友,勉励朋友好好学习,不断进步。但遗憾的是,光阴流转中,不知何时把珍藏的小本子弄丢了……

【思想的光芒】从"三讲"到"五讲":铁人思想成熟的历程

回到大庆后,尤靖波立即向时任大庆石油管理局局长曾玉康汇报,并提出把"铁人五讲"上展线的想法,得到管理局领导的高度重视。

接下来,研究小组又开始了追寻"铁人""三讲四讲直至五讲"的诞生历程——尤靖波说:追根溯源,铁人思想的日臻成熟都是有迹可循的。

会战一开始,铁人就喊出了"有条件要上,没有条件创造条件也要上"等

豪言壮语；1964年初，全国掀起学大庆热潮。为保持清醒头脑，大庆会战工委及时号召全油田干部职工开展了"全国学大庆，大庆怎么办？"的大讨论。铁人始终牢记着毛主席在生日晚宴上那句"要夹着尾巴做人"的教诲，进而得出"一切成绩归功于党和人民，我的小本子上只能记差距"的结论。

据1205队以及二大队一些老工人回忆，在那一个时期，经常在不同的场合，听到铁人讲"有了进步不要忘了党、讲本事不要忘了群众"等"二不忘""三不忘"谈话。这是铁人最早提出"三讲"。

1966年10月1日在北京天安门城楼观礼时，他应一位代表的请求，题写了"四讲"。同年10月4日，在北京人民艺术剧院，他为演员李光复签名时，题写了"五讲"。

尤靖波说："'五讲'思想和铁人会战时的思想一脉相承，是铁人思想的延续和升华！

铁人的思想脉络是怎么形成的？铁人为什么有这样深厚的思想根基？从"三讲"到"五讲"，铁人是学习的典范，是从毛泽东思想中学习来的，是从石油会战中实践总结来的！铁人是个哲人，"五讲"透着哲学思想的光芒，是铁人精神的根脉和精髓！

铁人是工人阶级的代表，铁人对"五讲"的认识是中国工人阶级学习毛泽东思想、学习党的著作、扎根生产一线实践创造的理论思想结晶，朴素真挚深刻！"五讲"的每一条，在毛主席的著作中和大庆的实践中，都能找到印证！

2023年是铁人诞辰百年，2024年初是工业学大庆运动60周年，在这些历史节点，重温"五讲"，深具意义！

今天，当来自世界各地的参观者，走近铁人王进喜纪念馆"五讲"展线，都能见到研究小组当时布展时写下的展览词——"从普通钻工成长为全国闻名的铁人；从基层干部成长为党员干部的楷模；从朴素的思想到形成铁人精神、铸就了石油之魂；从"三讲""四讲"到体现理想信念和党的优良传统的"五讲"，来源于铁人王进喜对毛泽东思想的学习，来源于思想的不断升华！"

第二辑

百年·铁人情

他们,在"铁人井"旁长眠

——瞻仰宋振明、季铁中、魏刚焰烈士墓

生命的尽头,他们不约而同选择了这里;精神的归宿,他们默契地把自己留在这里

"到了一个地方、一座城市,如果没有这个地域的历史名人、没有创造这座城市的人,埋葬在这里,就没有了意义……"

"我老家在长沙,每次回去,都要去看看黄兴、蔡锷,看看杨开慧……在他们的墓前,停驻一会……"

去往"铁人一口井"的路,越来越近,采访车在绿荫摇曳的五月里穿行……心头不断泛起这两句话,清晰如今。

那还是几年前,也是在五月丁香花开的时节,一位老作家来铁人井旁扫墓,看望长眠在这里的老领导宋振明,说的这番话。

本篇内容,也正是访于那一年。

那年,老作家李国昌还健在。

那年,铁人的徒弟外号"小老虎"的许万明还健在。

铁人井旁"丁香墓"

到了!

静,如此的静。墨黛色的绿,静静的绿,松树、杨树、云杉树……像一座没有围栏的庄园,独对蓝天草原。

铁人井、有些残旧的老铁人纪念馆,就环抱在这一片绿色中。

一株丁香树下，一位老人，正背着手，悠然地，抬头望着什么……

不远处，来自湖南卫视的人，正在这里拍摄，他们人员服装虽然迥异，却极安静，没有丝毫喧嚣……

"那老人，是铁人的徒弟，是外号'小老虎'的许万明。"这里的工作人员，42岁的档案员王慧说。

"许老常来，当年他们打铁人井的37个人，现在还剩下他们9位……"

"许老，来啦！"

"来了！"

老人显然是看到了笔者手中的相机，要留个影。他站在了宋振明墓的丁香树下，两根指尖轻轻地，只牵起几片丁香的叶尖，慈祥的微笑……

"当年打井，宋部长（宋振明）就和我们一起住在井上。"老人说着，渐渐走远了。

"我常想，是什么，让他们在生命的尽头，有着如此不约而同，如此惊人相似的遗愿，要把遗骨，埋在这里……"

宋振明、季铁中、魏刚焰烈士墓前，王慧说。

三个圆形的烈士墓，略呈三角形，分布在铁人井旁。

宋振明墓前——

他的遗骨在大庆有六处

墓碑上的字：

宋振明（1926—1990）原石油工业部部长，大庆石油会战初期任王进喜所在第三探区指挥。在发现和培养铁人王进喜的过程中，发挥了重要的作用。

"这是一支丁香，现在它居然长得这么高大繁茂，简直是罕见，在这座城市，我相信它一定是最大的一棵，年纪也一定是最大的……"蹲在宋振明墓前的丁香树下，王慧说。

在老铁人纪念馆,没有找到太多关于宋振明骨灰埋在这里的记载。

"我能找到一个人,他或许知道。"听到笔者的话,王慧目光露出惊喜。

此时,是下午1点多,笔者拨通了李国昌的电话。

"宋部长的骨灰,在大庆埋有六处啊……"

1990年2月12日,经组织批准,他(宋振明)回大庆治病。就在医院里,他做了一首诗——《心愿》:生为大庆人,死为大庆魂,骨灰埋大庆,何须立碑文。

6月3日,这一天,宋振明要求最后一次看看大庆。

我们,是在"二号院"等候着迎接他。

在"二号院"内,他对我说了一句话:"国昌,你跟着我。"我想,他是要我记录下这一段历史的。

他不是太伤感,大家搀扶着他——到了"二号院"、走过了万人广场、到了五排六十五井、到了北二注水站……这些他熟悉工作的老地方……就在这个过程中,他对随从人员讲了:把我的骨灰,一部分留在北京;一部分撒在"二号院"办公室门前、中七路石油之光下、铁人井旁、北二注水站红墙下……

6月13日,宋振明与世长辞。17日,他的部分骨灰,分六处埋在了大庆。

那六处,寄予着这位石油赤子何样的情?

宋振明,12岁参加八路军;14岁,参加百团大战;17岁,在太行山打鬼子;抗日战争胜利后,率部队参加解放西北战争,后身负重伤……

1960年2月,他来大庆参加石油大会战。

铁人打第一口井时,他就在井上。那是这片土地上响起的地动山摇、那是从未有过的人间呐喊……那高耸的井架,那人拉肩抗、脸盆端水的场面……惊动了这片沉睡的土地,老百姓全都跑出来见证。

就是在铁人井上,宋振明"发现"和"总结"了"铁人",并汇报给余秋里,最后在《战报》第一期,报道了王进喜是我们的旗帜!

他和铁人、和铁人井,是怎样一缕情丝!他是要把骨灰留在这里的啊。

"二号院"，他住了 18 年，指挥和组织了大庆石油会战，直至高产稳产上 5000×10^4t。1960 年 4 月 29 日，他在这里受命组织了万人誓师大会……

五排十六井，他在那里总结了"三老四严""四个一样"；北二注水站，他在那里总结了岗位责任制……这，都是大庆精神的具体标志和内容，他怎会忘记这一处处？

石油之光下，他是要把骨灰埋在这里的！因为，那是大庆人人来人往的必经之路啊，他怀念大庆的人，怀念昔日的老朋友老战友……今天，当我们从那里走过，他一定能看到，看到大庆的美好，大庆的未来！

魏钢焰墓前——

连线西安魏林刻

墓碑上的字：

魏钢焰（1922—1995）著名作家、诗人，中国作家协会理事，陕西省作家协会名誉主席。曾采访报道了铁人王进喜，与王进喜结下了深厚的友谊。

魏钢焰墓前，丁香花开得繁茂美丽，清香阵阵。

笔者再次拨通了一个号码，魏林刻，魏钢焰的儿子。

三年前，大庆油田文联原副主席李学恒，曾把这个电话号码告诉给笔者，但一直没拨打过。

没有人接。

20 分钟后，电话回复过来了。

"我查了一下，不熟悉这个号码，但是，大庆的电话，我肯定要回。"魏林刻的声音，热情温暖。

"我 66 岁了，1964 年，父亲带着我和母亲来的大庆，我曾在那里读书，工作……"

我想，我要把所有的真实，告诉给你。

在父亲的病床前，我陪伴的时间最长。有一天，在病房里，我跟父亲谈起，如果医治不好，因为西安的烈士陵园暂时正在扩建，要求先放置在家里。

父亲平静地说，两个方案：找一个山清水秀安静的地方，把我安在那里。再有，你对大庆也很熟，你看好什么地方，把我撒在草原上，撒在油田上……

父亲去世了，此时西安烈士纪念馆已经可以接收了。

大庆驻西安办事处的人员来吊唁，我和他说起了父亲的遗愿，他说，大庆的有关领导特意交代，如果魏老愿意回大庆，我们全力迎接……

我们的谈话，被母亲听到了。她说，你父亲的心愿，我懂！把一部分，撒在大庆！

1995年5月（父亲2月去世），丁香花开的时节，我捧着父亲的骨灰，来了大庆。我在大草原上，在大油田上寻找安置父亲的地方……后来，我走到了铁人井，我知道，父亲让我选择的地方，就是这里了……

父亲走了，他留有遗憾，他的长篇叙事诗《海之歌》，没有完成，那是写大庆的。现在，他沉眠在那里，一定还续写着他情思里的大庆……他头上的丁香花，开得好吗？

"开得好，特别好！"王慧接过电话，动情地说。通过电话，魏林刻知道了王慧的身份，知道了这么多年来，王慧都在为父亲扫墓，他说了一句话："父亲，就是作为一个爱大庆的大庆人，回到大庆去了……"

在大庆一位研究"大庆五十年"的老人那里，笔者看到了这样一段历史记载：魏钢焰，1964年带着爱人和儿子来到大庆，三个女儿被留在西安老家。在《人民日报》《人民文学》等报刊，发表《忆铁人》《大庆的心》等影响巨大的著作。在大庆期间，几乎与铁人时刻生活在一起，在大庆文学创作史上，有不可替代的影响……

季铁中墓前——

《风雨足音》里，一封"特别"信

季铁中墓前，是一株美丽的云杉树，掩映在松柏丛中，挺直苍翠，直追白云。

"季铁中（1916—1985）原石油工业部副部长，曾任中共大庆石油会战工委副书记。"

王慧轻轻地念着碑上早已斑驳的文字，掐起一朵紫丁香花，系在云杉树上。

"他们的故事，我都知道一点。包括这位将军。"

王慧称季铁中为"将军"。因为他曾是一位军人。

他曾在咱们这片白山黑水中，打日本鬼子，曾任中国人民解放军东北军区工程兵部政治委员。

1960年，他来到了大庆。以正军级的身份，到这里做了一名普通干部。

1961年春天，大庆油田面临一次生死存亡的危机，工人们饿得都得了浮肿病，他（季铁中）回到原来的部队，要了10万斤黄豆……人们一颗颗一粒粒地吃，吃时没有不流泪的……人们饿啊！

听说，他有1.80米的个，是个彪悍的东北大汉，但个性坚定谦和，赤诚爱国。

王慧语气平静的叙述着，可眼里却饱含泪水。

这个42岁的女子，当年还不满20岁，就到了这里，做了一名讲解员，讲了20年这些先辈英雄的往事。

季铁中缘何也埋在了这里，王慧谈到了一个人——孙占山。

辗转找到孙占山老人，是在第二天清晨。在东风新村中央商城门口，老人手中拿着一本书。那本书，就是《风雨足音》，封面上写着：季铁中口述，孙占山著。

在此书的最后几页，附着几封特别的信。

亲爱的孩子：一九八二年七月十九日，咱们家庭会议上曾议定的"约法四章"和"五条决定"是一致通过的……

1984年1月8日（节选）

在"五条决定"中，第三条中写有这样一句话：不保留骨灰，并望将骨灰分撒在大庆油田和松花江上。

1985年4月23日，季铁中去世。

遵照他的遗愿，他的骨灰，撒在了松花江滔滔的江水间，那是他抗战的地方；撒在了宾县玲珑乡，那是他的故乡，也是他最早打游击打鬼子的地方；又分多处撒在了大庆油田，那是他战斗过的地方。"

尾声

叶落归根，魂归故里。

当我们在寻找历史，也就寻找到了启迪，找到了传统。那，就是"精神"吧？就是根吧？

现在，是从历史走来的，沿着英雄的足迹，向未来走去！

他们长眠的位置，是在红岗区南二路杨树林老铁人纪念馆院内，铁人第一口油井旁。

三座墓碑，略呈三角形分布。

离铁人井最近，位于铁人井右前方，是原石油工业部部长宋振明，他安眠在一棵硕大的单株丁香树下。那棵丁香，历经几十年风雨，依然美丽，堪称大庆最大的单株丁香。

在铁人井的左前方，安放着作家魏钢焰的骨灰，这位是当时全国著名的诗人、作家，生前曾多次报道过铁人王进喜，与王进喜有着深厚的感情。

在铁人井的前方，一棵苍翠的云杉树下，安眠着原石油工业部副部长季铁中，他紧紧相偎在铁人雕像旁。铁人雕像旁，矗立着铁人第一口油井石碑，它高4.7米，象征着王进喜47年的光辉人生历程。

2010 年，全国第三次文物普查新发现的工业遗址中，把部分在会战时期作出突出贡献的老革命、老会战、老领导的墓地，定为烈士墓。

宋振明、季铁中、魏钢焰三座墓碑名列其中。

走近他们，就走进了那段历史，走进了这座城市创业之初的激情和悲怆；走近他们，就走进了这座城市的精神和灵魂，是未来的城市记忆。

寻访：铁人一口井八代看井人

访后，不禁久久感动，什么样的人才能真正打动你？——就是那群"当老实人、说老实话、办老实事"的人

铁人一口井（萨55井）是铁人王进喜率领1205钻井队（时称1262队）到大庆打下的第一口井，在吃住极其困难、天寒地冻、吊装设备缺乏、水源不足等恶劣条件下，铁人带头喊出了"有条件要上，没有条件创造条件也要上"的震天誓言，人拉肩扛卸钻机，端水打井保开钻，耗时5天零4个小时，创造了当时世界石油钻井史上的奇迹。

铁人井于1960年4月14日开钻，5月26日投产，至2017年7月不再出油，这座老英雄井累计产油超过15万吨。

1971年7月1日，"铁人一口井"和铁人王进喜同志英雄事迹陈列室正式挂牌，对外开放。与此同时，采油45队（改革后更名为注采45班）组建成立了"铁人井组"。目前，由采油二厂第五作业区注采45班"铁人井"井组管理。

悠悠岁月，漫漫时光，自1960年5月26日以来，铁人一口井共经历八代12位看井人。如今，老一代看井人多已故去。

此次寻访，是在大庆油田铁人一口井教育培训基地负责人王绣峰与注采45班党支部书记王洪波的协助下实现。

2022年12月，铁人一口井第七代看井人李士梅退休了。

那天的空中飘落的雪花，银装素裹，勾勒出北国的壮美。

穿过岁月的经年回望，1994年，李士梅22岁，还是个姑娘时，就成为铁人井看井人。到如今退休，青丝染白发，一看就是28年。

本篇访谈，缘起于李士梅。

有一天，年轻的大庆精神铁人精神研究者张雷在谈到以怎样的方式纪念铁人诞辰百年时说："就像我听说的，有一位铁人井看井人，刚退休没多久，她一直坚守铁人井差不多30年，从未换过岗……"

张雷说完，笔者心中一动！

寻访由此开始。

第一位寻访到的人，是已故铁人井第六代看井人陈全友的一双儿女陈华与陈平。兄妹俩现如今都已年过半百，讲起父亲，听者听到的是纯真年代的纯情之歌——

一生深情　绵绵无边

"我家是老南村的，很小的时候，我爸骑着自行车，前面驮着我，后面驮着我哥，到铁人井干活。小时候也不懂，只记得每次去，那口井永远都是干干净净的！"52岁的陈平讲，她是陈全友的女儿。

"我爸特别老实，也不会说什么，就是有老石油工人的勤勤恳恳。他是2018年走的……2017年，他身体就特别不好了。那年冬天，我哥打电话说：'我（开车）拉老头去45队转一圈'！队里那帮女工人，很多都是我爸看着长大的，看着老头都哭了！因为我爸有些糊涂了，但就是不忘45队，想铁人井！"

"在我小学三年级时，我爸就得癌症了，但从得病一直到最后退休始终守着铁人井，给他换轻松的岗位他也不去！那时我妈一掉眼泪，我就说'为什么得病了，还不去干点清闲的'？"

"我不理解，可我妈理解，她说'他放不下，他离不开'！我妈身高只有1米5，但全家的重担都落在了她身上！"

陈华讲："那辆自行车后来让我妈偷偷处理了，那种烙印太深了，那就是情感的基础！我是油二代，我认定'油二代'最不可替代的标志，就是这种情感！"

"老头退休后，我常带老头回队里。因为我知道他心里的东西，跟老头说话

聊天时,看他不开心了,不爱吃饭了,就知道了——我就说:'啥意思!到队里转转啊'!"陈华说。

儿子的话里,藏着一名老石油工人绵绵无边的情!

据了解,1983 年,陈全友因患胃癌住院,经医生全力抢救后胃被切除了四分之三。病愈后,他不顾领导劝阻拖着虚弱的身体又重返采油生产一线,重回铁人井身旁。1989 年,陈全友被树为"大庆精神大庆人"宣传的十大标兵之一,并被评为全国劳动模范。

物见本色 铁器发光

松柏、白杨,三株硕大盛放的丁香树,长眠着相伴铁人井的宋振明、季铁中、魏钢焰……

一步、两步、三步……前行的脚步使"铁人一口井"渐近,脑海中那熟悉的文字,已幻化成一幅幅动人的场景画面:卸车台前,铁人王进喜和队友用棕绳拉、撬杆撬,把钻井设备一件件卸下来;水井旁,王进喜和队友手捧盆子、水桶,排成一排端水保开钻;值班房前,王进喜燃起篝火,组织大家学习"两论";还有土油池、地窨子、贝乌-40 型钻机……

如今,注采 45 班已走过 59 个春秋,现有员工 60 人,管理油水井 222 口……辖区生产面积 3.89 平方千米。59 年来,他们和成千上万的采油工没有什么两样,所不同的就是,他们井组前面加上了"铁人"……59 年来,45 班所录取的数据无一差错,所管理的油井个个都是样板井,一直保持着设备无渗漏的纪录。

访谈时,王洪波讲,1971 年 7 月 1 日,"铁人一口井"和铁人王进喜同志英雄事迹陈列室正式挂牌,对外开放。与此同时,采油 45 队组建成立了"铁人井组",由郎金荣担任井长。郎金荣是第三代铁人井看井人。

郎金荣上井不离三个物件——小记录本、擦布、扳手,他认真记录每一个数据,细心擦拭每一抹灰尘,及时修复每一处故障。平凡普通的石油工人郎金荣，却道出了这样一句话："我们的工作标准是'物见本色，铁器发光'！"

青丝白发　深情不改

2022年12月份，李士梅退休了。

作为第七代看井人，又是守护铁人井年月最久的人。此次采访时了解到，之前关于她的报道有很多。

但她说："说实话，让我说什么，我真不会说……"

"还会想起这口井（指铁人井），前日还打电话问我的对班李萍（第八代看井人），我说你上井了吗，她说去了！"

"……毕竟28年了……"

28年的云和月，从青丝到白发。

28年前，一位年轻的姑娘，每天去巡井、量油、取样、清雪、除草……多少个春去春又回……如今，鬓染白发，退休了，还会在时光的流逝间，想起那口井！

李士梅说起来，忽然声音里有绽放的调子，高亢起来——"当年，第一天去管铁人一口井时非常惊叹，以前都听老人说过，但没见过，那天一去，看那口井比正常井都大，井口是大罗马式的（指当时），特别大……"

她说这话时的兴奋，依然还是当年那个青春的姑娘。

管好铁人井，做好传承人，八代看井人的故事，其中有无数的细节更有无数令人崇敬的奉献时刻，但他们更令人动情的，是他们懂得如何以自身行为去践行铁人精神。

"仰之弥高，钻之弥坚，瞻之在前，忽焉在后！"

他用灵魂守护这片深情的土地

他"发现"和"总结"了铁人;他创立了生产调度指挥系统;他总结建立了生产岗位责任制……他是宋振明。

他的骨灰在大庆埋有六处

数年前的一个星期日,笔者敲开了老石油作家李国昌的家门。老作家是《宋振明传》的作者,已八十几岁高龄,身体不如两年前我见他时了。

老作家说:"老部长宋振明的骨灰在大庆埋有六处啊……"往事深深刻在老人的记忆里,他向笔者轻轻讲述——

1990年2月12日,老部长坚决要求回到魂牵梦萦的大庆治病,经组织批准后,他回来了。

就在病床上,他写下了那首诗——《心愿》:"生为大庆人,死作大庆魂。骨埋大庆土,何须立碑文。"

6月3日这一天,老部长要求最后一次看看大庆。

他让战友们搀扶着,重走当年他曾浴血奋战的大庆会战故地。

我们在二号院等候着迎他。

在二号院内,他对我说了一句话:"国昌,你跟着我。"我想,他是要我记录下这一段历史的。

他不是很伤感,大家搀扶着他——到了二号院、走过了万人广场、到了五排六十五井、到了北二注水站……就在这个过程中,他对随从人员讲了:把我的骨灰,一部分留在北京,一部分埋在大庆……

6月13日,宋振明与世长辞,大庆数万人为他送行,八宝山革命公墓为他举行了骨灰安葬仪式。而他的大部分骨灰则按老部长生前的遗愿，放在了大庆的 6 个会战著名纪念地，"好让我的灵魂永远伴着大庆"……

这六处，正是与宋振明生命相连的地方——（1）历史陈列馆：历史陈列馆一栋正门右侧第四个窗户前面的草坪里，当时的二号院的那棵松树旁，那是宋振明工作的地方；（2）铁人井旁：在铁人井上，宋振明"发现"和"总结"了"铁人"，并汇报给余秋里；（3）北二注水站：北二注水站厂房站前的花坛旁，就是在这里，他创建和总结了"岗位责任制"；（4）中五排六十五井组；（5）老采油一厂办公楼前凉亭处；（6）中七路石油之光雕塑南侧，这是大庆人必经之路。他怀念大庆的人，怀念昔日的老朋友、老战友。

2016 年 7 月 18 日上午，笔者如约见到了 70 多岁的油田退休老干部、大庆精神铁人精神研究专家尤靖波。"要讲大庆、讲大庆的历史、讲到铁人、讲到大庆的'实现高产上 5000 万吨，稳产十年'的决策……都离不开宋振明。""在大庆埋有他骨灰的地方，都是他对大庆、对大庆精神、对中国石油的贡献，都是跟他的生命有着无法分割、紧紧相连的地方……"尤靖波手捧着一本宋振明纪念画册，讲述着来自他的记忆——

"发现"和"总结"了铁人

会战之初，宋振明担任第三探区指挥兼党委副书记。那一年春天，草原上的气候异常恶劣，再加上数万名会战将士的同时涌入，大伙儿的衣食住行成了严重的问题，有少部分人开始对大会战有了不同的态度。怎样组织各方力量，把一举改变我国石油工业落后面貌的决心和气魄，转化为会战大军的自觉行动成了会战领导小组打响这场战役的当务之急。

作为会战主战场的指挥员，宋振明也时刻思考着这样的问题。就在这时，玉门油田的王进喜来到了大庆。他下车"三句话"，一不问吃、二不问住，首先想到的是工作的设备、战斗的岗位和要超越的目标。这让宋振明打心眼里生出一种敬意，他隐约觉得这就是主人的姿态、战士的做派，有这样的队长

哪有不打胜仗的道理！从这之后，他就经常到王进喜所在的1205钻井队走访调查。

在铁人一口井上拉万斤大泵就位的时候，王进喜带领着工人们一边喊着号子一边以人拉肩扛的方式拉大绳扛撬杠的时候，宋振明就在现场目睹了这一切。他记下了号子的内容，并把它整理加工成铁人诗，抄到了队里的黑板报上：石油工人一声吼/地球也要抖三抖/石油工人干劲大/天大的困难也不怕。

得知房东赵大娘管王进喜叫"铁人"，宋振明敏锐地意识到，这肯定是一个能让会战大军心潮澎湃、斗志昂扬的称谓，他立即向会战领导小组做了汇报。

时值大会战的准备阶段，会战的最高决策者余秋里一直为没有发现和确定一个能够代表大会战发展方向的典型而发愁，宋振明的汇报及时地送来了他日思夜盼的会战先锋。

在1960年4月9号召开的大庆石油会战第一次技术座谈会上，铁人的名号叫响了，人人学铁人的活动展开了。20天后，宋振明又按照会战领导小组的要求，组织筹备了万人誓师大会。会后，人人做铁人的氛围在全战区形成。

铁人的发现不仅对于当时的大庆油田有重大意义，还对中国的石油工业甚至于对整个国家和民族都有着深远的影响。时至今日，铁人仍然是一面旗帜，铁人精神也仍然是大庆油田不断发展的一种动能和力量。

创立生产调度指挥系统

随着石油大会战的不断深入，会议多、报表多、手续多、文件多等问题，让油田的八大总工程师和各职能部门很不适应，手忙脚乱、穷折腾、耽误工的情况时有发生，如果不能尽快解决这个问题，大会战难免会沦为一场消耗战。

宋振明在认真回顾和总结了参加大会战以来的生产经验后，提出机关工作要以调度为中心，创建生产调度指挥系统，并把这种工作方式概括为"一捆、一口、一个漏斗"。

这套以调度为中心的生产指挥系统有利于统一指挥、协调动作，在大庆油田的开发建设中发挥了至关重要的作用。它得到了石油工业部党组的肯定，更是在全国各个油田都加以推行。

蹲点北二注水站，创造性总结建立生产岗位责任制

1962年5月8号凌晨一点，一场大火让油田最早建成投产的中一注水站付之一炬。这是大会战三年来最严重的一次火灾，油田上下无不为之震惊。宋振明受命率调查组尽快查清事故原因，全油田也展开了"一把火烧出的问题"大讨论，最后分析来分析去发现问题出在没有一套完整的制度。随着会战任务的不断加重，管理制度跟不上生产进度的矛盾势必会越来越尖锐。宋振明知道，他必须要总结出一个能把错综复杂的油田生产管理得井井有条的好方法。

深入生产现场抓典型、找思路是宋振明最常用的工作手段。他到管理工作开展的比较好的北二注水站去蹲点调查、总结经验，他在那跟这些工人一块上班、一块工作、一块摸索……

1962年，包括巡回检查制、交接班制等六项制度在内的岗位责任制在北二注水站初步形成。经过全油田1471个基层单位的试点执行，工人们普遍反映，这种制度能让干活有条理、生产有章法。随后两年内，宋振明又根据油田的发展实际，对岗位责任制进行了完善，补充了班组经济核算制和岗位练兵制度，慢慢地发展为八项制度。

至此，岗位责任制的覆盖面就由基层扩大到油田管理的各个层面，形成了上下贯通的现代企业管理体系。这套制度的普适性、科学性、群众性和实践性让它在提高大庆油田总体管理水平、保障持续稳定发展过程中起到了不可替代的作用。

岗位责任制的建立是宋振明一生中最富有创造性的重要工作成果之一，直到现在，全国乃至全世界范围内还有很多人学习、利用它来管理现代化企业。

……

自1960年初来乍到，到1977年的暂时告别，宋振明在大庆油田度过了他

生命中最为重要、最为艰难、也最为辉煌的 18 年。这 18 年里,他不但尽心竭力地丰富完善着油田开发建设的各项规章制度,还通过发现典型、挖掘事迹、总结提升,给后人留下了宝贵的精神财富。

这 18 年里,他不但树立了铁人王进喜和五面红旗,又发现了中四采油队、油建十一中队、李天照井组等先进集体,使"三老四严""四个一样""好字当头""自觉从严"的先进作风内化为会战职工的行为准则……提出"四个大干";实现"高产上五千",做出"稳产再十年"的科学决策。

……

他令人敬仰

1978 年 3 月,52 岁的宋振明成为领导百万石油大军的石油工业部部长。在两年的部长生涯中,他以带病之身,走遍了全国大小油田,打开了西部石油勘探开发的新领域。再回到大庆,他却已是肝硬化晚期的重症病患。

1990 年 2 月,深知自己身染沉疴,宋振明向组织请求回大庆治疗……

他的主治医师胡英华说,大庆人对他的爱戴没法形容,来探望的人多得挤不进来……

他是新中国石油工业史上一位值得纪念的人。在他 64 年短暂生命历程中,有 38 个春秋都在为石油工业的快速发展殚精竭虑。生前,他为大庆油田的开发建设尽心尽力,创建了不可磨灭的历史功绩。身后,他依然要聆听着原油的奔流、用灵魂守护这片深情土地……

2013 年,策划大型系列报道——"走读 56 处工业遗址"。笔者去往铁人一口井采访,后写下报道《他们,在铁人井旁长眠》。

王慧,老铁人纪念馆讲解员。在她只有 19 岁时,就扎根在这里了。

"我常想,是什么,让他们在生命的尽头,有着如此不约而同、如此惊人相似的遗愿,要把遗骨埋在这里……"

宋振明、季铁中、魏钢焰,三个圆形的烈士墓,略呈三角形,分布在铁人井旁。

站在墓前，时光荏苒，王慧已42岁。但在老铁人纪念馆已渐寂寞的今天，她依然情浓如昔。整个采访过程中，她常常深情凝视，眼含泪水。她轻轻念起《万人广场作证》(节选)——

我又一次回到朝思暮想的大庆，大庆的水甜，大庆的人亲，对大庆的一草一木，我都怀有深深的感情……忘不了在大庆这块土地上，我度过了18个春夏秋冬——油井、泵站，洒下了我的汗水；

荒原、小径，留下了我的足印……我将美好的年华，全部奉献给你啊，亲爱的大庆！

"……老部长在生命的最后时刻，在病榻上写下这篇著名的长篇叙事诗《万人广场作证》。"王慧说。

她又翻开资料，给笔者念："1926年的6月22号，宋振明出生在燕赵大地的河北省馆陶县西河寨村。他12岁参军、16岁入党，经历过百团大战等多场战役，胸前留下了永远无法取出的弹片……"这段介绍，让我们更加知晓宋振明令人敬仰的一生。"

宋振明的石油人生

1926年6月22日，出生于河北省馆陶县西河寨村。

1952年8月，任石油工程第一师三团副政委、代政委。

1956年6月，任玉门矿务局采油厂党委书记兼厂长。

1960年2月至1965年初，参加大庆石油会战，先后任第三探区指挥兼党委副书记，采油指挥部党委书记兼指挥，会战指挥部副指挥兼生产办公室主任。并搜集工人语言，写成《铁人诗》，发现铁人王进喜；创建生产调度指挥系统；蹲点北二注水站，总结制订生产岗位责任制。

1966年底至1971年3月，停止工作。1971年4月至1977年复出工作，先后任中共大庆党委副书记、革命委员会副主任、书记、主任，当选党的十大、

十一大代表。恢复岗位责任制,组织喇嘛甸油田开发会战,提出"四个大干",实现"高产上五千",做出"稳产再十年"的科学决策。

1978年3月,任石油工业部部长。1983年3月,任中原石油会战领导小组组长,指挥中原油田会战。

1985年2月,任中国石油开发公司总经理、分党组书记。

1990年2—14月,病重回大庆住院治疗。写下"生为大庆人,死为大庆魂。骨灰埋大庆,何须立碑文"诗作;创作长篇叙事诗《万人广场作证——大庆三十年礼赞》。

1990年6月13日,与世长辞。

以文学的形式向铁人致敬

金秋十月，中国文坛瞩目的第五届"中华铁人文学奖"颁奖大会在大庆油田举行。

2023年10月12日，中国文坛瞩目的第五届"中华铁人文学奖"颁奖大会在大庆油田举行。

"中华铁人文学奖"，是以铁人王进喜命名，由时任中共中央政治局常委、全国政协主席李瑞环题写"铁人文学奖"奖名，是我国石油石化行业最高级别的文学大奖。

颁奖大会上得知，第五届"中华铁人文学奖"共有216部作品参评，经评选，共评出46部（篇）作品奖和14名个人奖。

此外，本届特别对"中华铁人文学奖"和铁人文学专项基金的创立和发展做出重要贡献的阎三忠、何建明、王作然三名老同志授予"中华铁人文学奖"特别贡献奖；授予路小路、杨利民、赵钧海、赵香琴（大庆油田）等11名石油石化系统作家"中华铁人文学奖"成就奖。

访谈中得知，10月8日，铁人王进喜百年诞辰的日子，第五届"中华铁人文学奖"在北京揭晓。10月12日又回到大庆油田颁奖。这是继第四届在大庆颁奖后，再回大庆，在铁人诞辰百年的节点，以文学的形式向铁人致敬。

"中华铁人文学奖"至今已走过25年光阴

有后来者，定有先行者。

石油题材的文学作品，诞生于激情燃烧的"我为祖国献石油"中，萌发于新中国火热的生产建设中。当一支又一支石油群像走向大漠、走向荒凉、走向

石油勘探开发的第一线，我们的诗人、作家们拿起了手中滚烫的笔！

先行者，是大批的老一代著名诗人、作家们！

回首往昔，1999年11月26日，一件石油文学的盛事引发广泛关注——那一天，在人民大会堂，首届"中华铁人文学奖"隆重颁发！其中一项重要的奖项——"中华铁人文学奖"荣誉奖，颁发给了德高望重的老作家张光年、刘白羽、张天民、魏巍、韶华、李若冰等，已故作家李季、徐迟、杨朔、闻捷、魏钢焰、孙维世、玉杲等被追授了纪念奖。

石油与文学的发展相得益彰、相互激励。正是这些钟情于石油的老诗人、老作家们，用他们饱含深情的作品汇成了中国石油文学最初的源头。

据了解，率先倡导成立中华铁人文学基金会、创立"中华铁人文学奖"的是焦力人老部长，他是一位从延安走来的革命家。1998年7月8日，铁人文学基金会第一次会长会议在北京中国职工之家大楼举行，这项具有全国影响力的石油石化行业最高的文学大奖，是由"中华铁人文学奖"，由中华文学基金会、铁人文学专项基金管理委员会、中国石油、中国石化、中国海油共同主办，旨在传承弘扬石油精神和大庆精神铁人精神，自1999年首届颁发至今，已走过25年历程。

大庆共有8部作品和个人获奖

"时光与石油镌刻的历史之书，采撷升腾的地火，记录熹微的晨光，穿云海，越叠嶂，展示着石油人四海求索的光辉岁月，那些饱满的情感透过千米地层，在一词一句、一人一事中充满张力又意蕴旷远。"

如大会颁奖词所言，为石油而歌的作者们，内心山连着山，心连着心，与石油人血脉相融，彼此相知，佳作频出，新人不断涌现。

由颁奖现场获知，大庆共有3部作品获得正奖，5部作品获得提名奖，另有1人获得"中华铁人文学奖"成就奖。

杨中华，70后，大庆油田第六采油厂第五作业区509班工人，中国作家协会会员。他创作的小说《余韵》获得中短篇小说奖。

杨中华在接受访谈时说道："作为油田后代，石油已融入他的细胞"。在小说创作中，他以大庆矿区为背景，描写铁人后代们的生活和精神状态，展示他们如何认识世界、认识生命，从而超越自我、完善自我。《余韵》讲述了油田"新生代"秦楼的故事，小说有出处、有依据，来自东北黑土地，来自大庆的滋养，写作上另辟蹊径，获得了出其不意的效果。

于晓宇、王剑飞、王冰，分别工作于大庆油田文化集团、大庆油田钻探工程公司，他们创作的《千难万险，吾往矣》获得中短篇报告文学奖。作品讲述了大庆第三代铁人李新民的故事，选取了李新民鏖战海外为国找油、为民族争气的工作片段，用文学手法再现惊心动魄的历程，同时将温馨的生活片段穿插其中，让读者感受到石油人家属藏于心底的牵挂和同样博大的胸怀。

戴立然，黑龙江省文联原驻会副主席。他创作的《铁人在非洲》获得戏剧文学奖。

《铁人在非洲》以"一带一路"和构建"人类命运共同体"为大背景，以全国劳动模范、时代先锋、最美奋斗者、"第三代铁人"李新民等多位中国海外石油人为原型，讲述了一群"大时代中的小人物"，为了祖国的能源安全，为了实现铁人老队长的梦想，在遥远的非洲苏丹打井找油、奋斗创业的感人故事。

此外，大庆油田的张海波、张永波、徐信科、崔英春以及大庆市的曹立光分别以诗歌集、散文集等不同艺术形式的作品，获得提名奖。

值得关注的是，来自大庆油田井下作业分公司的女作家赵香琴（已退休），荣获第五届"中华铁人文学奖"成就奖。

忽培元："中华铁人文学奖"永远的文学品牌

隆重的颁奖大会上，国务院原参事忽培元，代表第五届"中华铁人文学奖"评委，发表了深情的讲话。他说——

这是文学的盛事，更是隆重纪念铁人的盛会。大庆是铁人王进喜及其职工

队伍战斗创业的石油圣地。我曾有幸在大庆学习工作了近四年,这里也是我的精神家园。

大庆精神铁人精神和几代大庆人的辉煌业绩和动人事迹给了我文学创作的巨大动力与精神滋养。我在大庆完成的长诗《共和国不会忘记:大庆人的故事》成为工人和大学生至今朗诵不断的名篇,也曾荣幸地获得"中华铁人文学奖"。这是大庆油田对我的最高褒奖,更重要的是陶冶了我的思想灵魂,使我终身受益。

"中华铁人文学奖"是以弘扬铁人精神,倡导爱国主义、集体主义,繁荣工业文学创作为鲜明特色的我国文学奖项。从1999年首届在人民大会堂颁发到现在,已在全国文坛产生很大影响。除了石油石化系统有大批的作家投入创作,还有更多的全国著名作家深入石油生产一线,创作出了不少优秀的文学作品。其中何建明、贾平凹、刘恒、雷抒雁等全国当代著名作家和诗人都到油田深入生活并获得铁人文学奖。

文学界看重石油题材创作和石油战线重视文学事业是有优良传统的。早在20世纪50年代初,焦力人老部长就邀请李季、李若冰等著名诗人,以后又有刘白羽、孙维世、魏钢焰等这些著名诗人和作家在玉门、柴达木和大庆油田挂职锻炼、采访体验,写出了大量反映石油工业的著名文学和戏剧作品,使"石油文学"这个称谓在全国文坛叫响。同时带出了一支延续至今的石油文学队伍。

用油不忘王铁人,吃水不忘打井人。

爱国、创业、求实、奉献的大庆精神铁人精神,继续滋养鼓舞着新时期作家们。

由全国著名作家组成的第五届评委会认为:第五届获奖作品全方位、多角度地反映了石油石化工业深化改革发展的新成果,体现了石油石化职工对祖国的热爱和对崇高理想的追求。当前,石油石化和海洋石油工业正处在能源结构的重大变革之中,能源工业已经走进了天然气蓝金时代。石油石化战线承担着人民对新征程新时代美好生活的能源保障重任,石油文学将无愧于伟大的变革时代。我坚信,在"中华铁人文学奖"的激励下,石油产业和文学事业必将会有更大的繁荣与发展。

"中华铁人文学奖"是石油文学的品牌,更是永远的文学品牌。我愿意永远为之努力奋斗,为之鼓与呼!

精神的巍峨，永远流传

铁人诞辰100周年典藏纪念版，《铁人王进喜画传》出版发行，并对话编创团队

2023年9月28日晚，访问归来，翻开《铁人王进喜画传》，就再也没能放下，直至痛快淋漓地读完！掩卷后，心中升起对编创团队的一声感谢与由衷感叹——这是一个"巨大贡献"！

有此感受，其中原因有一：多年来社会各界始终都在寻找大庆精神铁人精神文化传承与大众之间有效的对话方式。

这部画传，做到了！

独特的内容，独到的见解，独创的新意，历史的厚重，时代的气息，情感的温度！多少年来，反映铁人的出版物浩如烟海，铁人精神遍布大江南北！为什么编撰团队又能在百年节点推出铁人画传？他们是怎样在原有基础上，通过什么形式编撰了新内容？

读后深感：铁人诞辰百年，回望铁人时刻，当我们在用铁人精神滋养后人时，我们发现，在铁人身上，还有那么多内涵没有被发现，没有被吸收，我们后人要永远与时俱进去感悟铁人精神。

整部画传，以"我要当钻工"起篇，以聚焦铁人王进喜自1950年春到1970年11月，为中国石油奋斗、奉献的20年间10个光辉亮点，紧扣主题，不枝不蔓，近400幅图片8万字，以美学和传播学的视角，以画传的真实性、客观性、可视性，讲好了铁人故事！最根本最平实又深层地解读了铁人精神的形成过程。

2023年9月28日，笔者特别专访画传编撰团队，了解到该画传是大庆油田党委大力弘扬大庆精神铁人精神的重要举措，由铁人王进喜纪念馆编创而成。

对话：画传总策划、主编尤靖波

编撰画传时，我们在想一个问题，怎么能让读者很快地入脑入心，很快地直观地感悟到铁人精神？这非常重要！

尤靖波，77岁，画传总策划，曾组织领导铁人王进喜纪念馆布展。面对尤老，笔者本能问出的第一个问题，也即一个读者的感受——"如何能够在滔滔的石油会战史中，在铁人为油奋斗20年的全过程里，准确地抽丝剥茧出十个光辉的亮点？这背后定是深沉着坚如磐石的信念与情感。"

此话勾起尤老的追忆："1964年4月来到大庆时，听到的第一首歌就是《我为祖国献石油》。我们就是唱着这首歌，见到了铁人王进喜。在我们的印象里，他就是'我为祖国献石油'的真实形象，在他身上我们知道了'怎样为祖国献石油'，那是我们石油人永恒的追求。"

"后来，我组织领导了铁人王进喜纪念馆的布展，那是难得的深入历史全程学习的过程，给自己的内心深处是一次次撞击！"

"所以整部画传，有一条内线一个支撑点，就是'王进喜为什么从一个钻工成为铁人'？"

"我们聚焦王进喜为中国石油奋斗、奉献的20年，精选出十个辉煌的亮点，按这十个亮点展开，让亮点变成精神的丰碑，传承的永恒，时代的力量。"

在此，笔者从一个读者的角度，认为有必要把十个篇章的小标题，写在这里以飨读者：第一篇"我要当钻工"；第二篇"入党就要下决心跟党走"；第三篇"钻透祁连山"；第四篇"他真是个铁人"；第五篇"没有这一页，队史就是假的"；第六篇"干，才是马列主义"；第七篇"我要一辈子艰苦奋斗"；第八篇"超功勋甩王牌当世界冠军"；第九篇"讲进步不要忘了党"；第十篇"大庆红旗是红的！不是黑的"！

接续前十个篇章，还有四篇，分别是——第十一篇"周总理关爱：铁人是英雄人物，值得纪念"；第十二篇"良师挚友：铁人是大会战的第一个英雄"；第十三篇"铁人精神，铸就中国石油魂"；第十四篇"中国的力量，踏着铁人脚步走"。

接受访问过程中，尤老一再谈道："这样的谋篇布局，是为了让人们深刻理解、真正感悟认识到铁人精神的政治价值、历史价值、时代价值。"

"感受到几代中国石油人、几代大庆人血脉里流淌的就是大庆精神铁人精神，就是要牢记当好标杆旗帜、建设百年油田的重大嘱托，不断赋予大庆精神铁人精神新的时代内涵，在延续能源报国的道路上接续奋斗。"

对话：画传主编，铁人王进喜纪念馆馆长苏爱华

铁人在我们的生活中，铁人精神在我们的生命里，铁人精神是时代的需要，时代的呼唤

苏爱华，画传主编、铁人馆馆长。国庆节日，站在铁人王进喜纪念馆广场一隅，苏爱华久久地望着眼前的一幕——人们从祖国的四面八方赶来这里，老人们、孩子们、中青年们……因一个时段内不能超过限定的人数，人们就都排着队在那等……

国庆假期，纪念馆单日接待量超过 15000 人。

苏爱华说，她看着这群人，内心涌动着无边的感动。就像在大庆油田召开纪念铁人王进喜诞辰 100 周年暨新时代先进典型命名表彰大会上，她朗诵 25 分钟时长的叙事散文诗《铁人王进喜》，最后也是一边流泪一边朗诵……

如前文与尤老的对话，好的访谈，是一次情感的流淌，能深切感受到受访者内心的力量与情感。

苏爱华介绍："画传从 2021 年 8 月份开始编创，到前几天新书发布，历经 2 年时光，期间还经历了疫情。尤老作为总策划，年近八旬，带着我们一块弄！大家都在思考，百年节点出品，如果还是重复从前，还有意义么？而且它面向

的不单单是大庆,还有全国。"

"每个人都知道不容易做到。无数次开视频会,无数次复盘推翻——这段历史怎么呈现?呈现出来是怎样直观的感受?仅文字这块,就经历了从18万字增到25万字,再从25万字往回缩,缩到15万字、12万字……到最后的8万字。"

画传中有三幅此前从未曾面世的图片:钻透祁连山、题写"五讲"、大会战的第一个英雄。

苏爱华说:"这三幅画面,呈现的是铁人一生中非常关键的经历,但以往的历史资料图片是空白,从未出现过,为此特邀中国当代著名画家、鲁迅美术学院教授李晨创作。"

……每个细节都在反复斟酌,几番选择后,封面最终确定铁人身穿羊皮袄微笑着那张!封面颜色呢?纯洁的白?深沉的蓝?最终确定为红色,自此各种各样的红在苏爱华脑海中来回飘……去工人出版社对接之际,她又去了党史馆,看见了寓意着国旗颜色的红,那红正是铁人的一颗初心!然后是封面上的字,选择多种美术字都觉得不对,当最后确定为铁人王进喜纪念馆上题词上面的字,颜色则用党旗上的金色——国旗上的红,党旗上的金,整本书一下子活了……

"这样用心用意,因为我们承担着宣传的责任;因为铁人在我们的生活中,铁人精神在我们的生命里,铁人精神是时代的需要,时代的呼唤!"苏爱华说。

写在最后:永远流传下去的是情感和精神

这本书的创作者,每个人都能讲出不同的故事

画传中的故事,翻开,即会被触动——譬如之前少有人知:铁人王进喜成为钻工后的师傅郭孟和,是玉门油矿解放后的第一批共产党员,新中国第一位石油工人中的劳动模范!

画传副主编、铁人王进喜纪念馆馆藏研究室主任张雷说:"有这样的可读性,源于'我们希望读者在翻开画卷时能感受到背后的这份热爱!虽是画传,传递的信息却是完整且具有细节的,就像一道桥梁,连接过去立足当下延展到

未来！"

　　这种连接，连接的是中华血脉、文明、思想以及价值的认同。

　　苏爱华说："这本书的编创者，每个人都能讲出不同的故事。"

　　翻开画传，能看到编撰团队中的好多名字，他（她）们都有一个共同的特点——为宣传、传承铁人精神工作了十几二十几年。

　　作为铁人的后代，作为铁人精神的研究团队，他们的初心始终是要无时无刻不在向人们传递着铁人精神，讲述着英雄的故事，他们最盼望画传能够满足受众的文化需求，感受并传承大庆精神铁人精神，走进生活，走向未来！

"最早于 1973 年创作的一尊铁人雕像，伴随着我"

创作铁人作品近 20 件，巨型雕像《铁人王进喜》出自他之手

陈绳正：无限深情刻入铁人像

铁人王进喜纪念馆北广场的灵魂——高 6.5 米的巨型雕像《铁人王进喜》，头戴前进帽，身穿羊皮袄，手握刹把，凝神远望的形象，与身后恢宏的纪念馆浑然一体。多少年来，所有来馆参观者，首先都会被这座雕像深深吸引，止步肃立，凝视瞻仰——雕塑家是把对铁人的深切理解和怀念融入了雕像中，把铁人铮铮铁骨为石油的磅礴力量定格了！但参观者却少有人知道，创作这尊雕像的作者是谁？

2022 年 12 月 13 日下午，笔者几经辗转，终与巨型雕像《铁人王进喜》作者，87 岁的陈绳正先生通过电话达成本次采访！自 1970 年 1 月与铁人见面至今，半个多世纪了，各类铁人形象成为陈绳正先生艺术创作的一大主题！

"雕像不言，却力达四方！"

"我最钟爱的，是最早于 1973 年创作的《铁人王进喜头像》"

"50 多年了，为铁人雕刻雕像作品将近 20 件，但留在我身边始终伴随我的，唯有一件——《铁人王进喜头像》！"访谈时，陈绳正先生说。

《铁人王进喜头像》是陈绳正先生最为钟爱的一件作品，这件高 35 厘米的青铜雕塑也是有据可考的创作时间最早的一尊铁人雕像。"鲁迅美术学院副教

授,文艺理论研究者王红在接受访谈时说。

陈绳正为什么最钟爱这件作品?为什么留他在身边共携漫漫岁月?

《铁人王进喜头像》创作于1973年,初稿在大庆创作完成,仅用四天时间一气呵成,是陈绳正先生饱含深切怀念之情的心像写照。王红在艺术评论中写:"他那件雕像是生活化的,你看他斜戴的那个帽子是随意地戴上,他不是正冠危坐,他是生活中随意把帽子拿起来戴上了就干活去了。但是他又不完全是生活的直接写照,你看他的眼神,他的面部肌肉的那种力度,眼神那种深邃,他里面透露出艺术家对王进喜的一种理解……"

这件作品,是陈绳正的倾心之作!

背景是这样的——1970年1月,为了创作沈阳中山广场群像其中的两名石油工人形象,陈绳正先生等一行三人前往大庆油田。

对此,大庆精神铁人精神教育专家杨海峰介绍说:1967年,沈阳军区成立了毛主席塑像建设办公室,计划在沈阳中山广场建造一座以毛主席立像为主体、工农商学兵为衬托的巨型群雕。接受任务的陈绳正,首先想到了石油工人的杰出代表王进喜。

会面月余听闻噩耗,无限追思融入"铁人头像"

1970年1月,陈绳正一行来到大庆,在东风接待站九号院,急切地等候与铁人的会面。但此时,担任大庆油田革命委员会副主任的王进喜,正为油田生产形势日趋恶化的现状发愁,每天从早忙到晚,奔波在第一线,实在抽不出时间,让陈绳正一等就是好几天。

在大庆革命委员会军代表的多次催促下,一天晚上王进喜冒着严寒,披着一身霜花匆匆来到了九号院的客房,会见了心急如焚的陈绳正。

善于观察形象的陈绳正,用雕塑家的眼光打量着既熟悉又陌生的王进喜。感到本人与照片对比差别很大,面容憔悴,身体消瘦,显得心情不悦,精神疲惫。

初次与陈绳正见面的王进喜，不想浪费太多的时间，了解了来访的意图，马上单刀直入，谈起了自己对石油大会战的切身感受，顿时像换了一个人，两眼放光，炯炯有神，眉宇间透射出一股不惧怕任何困难的豪气，刚毅不屈的性格特征瞬间回归，表现出来的气节让陈绳正暗喜，赶紧拿起铅笔边谈边画速写。

回到沈阳后，他以王进喜的形象为原型，顺利地完成了塑造工农兵群组立像的任务。1970年国庆节，矗立在沈阳市中山广场中央的巨型群雕《毛泽东思想胜利万岁》揭幕的时候，细心的人都能看出来，群雕里面的中心人物——穿冬装拄一把管钳的工人造型正是石油工人王进喜的形象。

而此时，陈绳正还不知道，远在北京301医院的王进喜已到了弥留之际。一个多月后，当他从报纸上看到了王进喜逝世的噩耗，吃惊不已，心痛不已……

王红说："铁人去世后不久，陈绳正先生带着对铁人的追思和一个始终无法割舍的心愿再度前往大庆，他几次住到钻井队，在冰天雪地的风寒中到井上体验生活……"

陈绳正先生说："雕塑语言是像诗一样精炼，像诗一样表达情感，总之他是要感动人的！《铁人王进喜头像》，是我在当时情境下的全部情思与情感表达，我最重要的表达是铁人拼命也要拿下大油田的奋斗精神，同时更有铁人钢筋铁骨下的乐观精神，揭示更深层的东西……"

铁人是他的创作主题，无限深情刻进巨型铁人雕像

一尊雕像，无限深情，因敬仰而诞生，因怀念而传世，精神的力量往往就在最纯粹的感动中，得以传承！随后近50年的时间里，各类铁人形象成为陈绳正先生艺术创作的一大主题。

1974年为大庆铁人王进喜纪念馆创作了一系列反映王进喜和石油工人大会战的作品，与张秉田先生合作的《荒原》表现铁人与两名石油工人苦学"两论"……1992年，与易振瀛先生合作完成玉门市油城公园的铜像《铁人王进喜》，

2004年为西安石油大学创作花岗岩雕塑《铁人王进喜》，2012年完成立于中国石油勘探开发研究院的花岗岩雕塑《王进喜读书像》……

巨型雕像《铁人王进喜》创作于1991年，大庆油田在王进喜打第一口井（萨55）的原址建铁人王进喜纪念馆，特邀陈绳正设计王进喜雕像。他与鲁迅美术学院的教师易振瀛、余东江和大庆的雕塑工作者魏克强、万正南组成四人创作小组，拿出了若干手绘设计稿提供大庆油田铁人纪念馆筹建组选择，最终确定了6.5米高的全身立像方案。

作为当时东北地区最大的单体花岗岩人物雕像，高6.5米的雕塑展现的是铁人作为钻工的劳动形象，工作的瞬间塑成民众心中的一个定格。

雕塑家给一块普通的巨石赋予了生命与灵魂，"雕像不言，却力达四方。"

铁人王进喜纪念馆馆藏研究室主任张雷在接受采访时讲述："2006年5月21日，70吨重的花岗岩雕塑由旧馆搬迁至新馆，搬迁小组用了两个月的时间精心安排布置，在'不允许有一丝损坏'的前提下，完成了搬迁和重新安置等工作。更为感动地是在搬迁的14公里路程上，50多名干部群众怀着对铁人的敬仰和崇拜步行三个小时全程护送……"

今天，人们前往铁人王进喜纪念馆，北广场上耸立着巨大的铁人形象，如陈绳正先生所言："观众从很远，也是从远方慢慢走近来，在一个很长的视距当中，能够充分地来欣赏铁人正面的体量的这种浑厚的感觉，饱满的感觉。"

雕塑艺术，因其材质的特性，穿越时空，永垂不朽，永存人类史上，其精神更是永恒！这也是雕塑家的艺术精神和情感表达——半个多世纪以来，陈绳正先生以雕塑语言叙说着铁人精神大庆精神，叙说着他内心深处的铁人映像。

李晨：画出我心中的王进喜

第一部铁人传记绘本发行，笔者专访绘本的创作者

为纪念铁人王进喜诞辰 100 周年，由大庆油田有限责任公司、中国少年儿童新闻出版总社有限公司、鲁迅美术学院主办的《铁人王进喜》绘本手稿展开幕式暨发行仪式，鲁迅美术学院教学实践基地揭牌仪式，于 2023 年 3 月 7 日在铁人王进喜纪念馆举办。

手稿运用连环画和绘本相结合的方式，对铁人的经典故事进行了写实性、艺术化再现，生动展现了铁人中国共产党人、中国工人阶级的光辉形象。

活动现场，《铁人王进喜》绘本创作者，中国当代著名画家、鲁迅美术学院教授李晨特别作了《新时代背景下的连环画创作》专题讲座。

"连环画是静态的电影，充满艺术家的情感！"访谈时，李晨说。

李晨是当代中国画坛公认的铅笔画大家，中国美术家协会连环画艺术委员会主任，中国美术家协会第一届国家重大题材美术创作艺术委员会委员，人教版第十二套义务教育教科书插图艺术总顾问。现任鲁迅美术学院教授，辽宁省美术家协会副主席。

手稿展活动结束后，笔者就《铁人王进喜》绘本创作历程，对李晨进行了专访。

连环画与绘本相结合的艺术

问：您好，李教授，首先问一个大家都熟稔又不完全确定的问题：连环画，就是我们小时候看的小人书吗？

李晨：不一定。小人书是其中一个种类，大多是小开本，黑白线条的。但今天的连环画可以用国画、油画表现，也可以用其他各种形式表现，连续性的，有叙事功能的，包括孩子看的绘本，都是连环画。

问：《铁人王进喜》这本书，就是以连环画的艺术思维结合绘本的艺术表现创作而成，这种结合具有怎样的艺术张力？

李晨：说到连环画和绘本，我颇有感触。我从事连环画创作数十年，自20世纪80年代起就在《新春画报》《连环画报》等期刊发表作品。可以说，我经历了中国传统连环画从繁荣到逐渐衰落、再到如今进入了传统连环画转型为"大连环画"发展新时期的漫长历程。幸运的是，连环画还在，连环画还有着生生不息的艺术魅力。

可以说，绘本、漫画等艺术形式的有利影响，使连环画创作进入了当代语境，更贴近对应的阅读群体。传统连环画因历史年代局限，对其开本、色彩、画幅以及传播方式等方面的制约，在当代都可以去一一化解。"大连环画"不拘材料，不拘画种，不拘创作手法，因其广泛的包容性，已形成一种观念并逐渐被接受和发扬。

在当代"大连环画"观念下，以讲故事为主题的绘本可以说是连环画的一种形式。绘本与连环画在社会功能和审美体验方面有所差别，但在技法和内容题材以及创作形式上却具有很多共性。

《铁人王进喜》虽然是用连环画讲故事，有连环画的起承转合，有情节的连续性，却并非一味按部就班地叙述，而是更倾向于表现气氛，强调画面感受，追求画面的精致程度，带动读者的情感曲线。

"画出我心中的王进喜"

他以独特的绘画语言，恰到好处地展现了人物的性格、画面的张力和故事的氛围。

很多看过绘本《铁人王进喜》的人不相信书中是素描画，因为，人物、环境都有很多层次、很丰富的表达，整部作品充满力量。

为了还原历史场景，完成写实创作，他下了很大力气和功夫。

比如《铁人王进喜》的每一个画面都是他购置了服装和道具，并且请自己的学生做模特，然后结合绘本脚本和历史资料，对应着完成了构图与刻画。

特别是像书中"人拉肩扛"和"跳泥浆池"等画面都是他重新设定的，配合着绘本左右双拉页的设计，这些画面具有很强的冲击力与震撼力。

问：以上这段文字，是评论界对这本书的评价。当您开始一部作品的创作时，凝聚笔端最重要的能量是什么？是情感吗？

李晨：对！你得有沉浸式的情感，比如，王进喜累的时候，就往管子上一躺，羊皮大衣往身上一盖就睡着了，这个画面，100个艺术家有100种演绎。

我画完之后，我们到了井架前，我的学生说，老师，你看，王进喜就躺在这一段上面吧？我说对！我能体会到那种感觉，有时候画着画着，耳边就响起"青天一顶星星亮，荒原一片篝火红"的旋律，鬼使神差地把我引到当年大庆那个环境中，我能嗅到石油的味道及荒原的味道。

这本书的最后一幅画，我是这样画的。

开始，我把几代铁人组合到一起，就像铁人馆的群雕像，但后来我脑海中出现了两个拖拉机的老照片，荒原上，拖拉机轰轰作响，春寒料峭，冰雪已融化，大雁飞来，就是春回大地，井架立起来，打出油来了，这就是一首石油凯歌，出版社认为这是点睛之笔。

而这一切，源于我的情感。

问：您与《铁人王进喜》这本书的情感之源，缘于哪里？

李晨：《创业》那部电影，从我的角度看，是文艺作品中最好的。出版社找我画铁人王进喜的时候，我想都没想就答应了，因为我觉得我能画好！

我这代人对英雄人物是有感情的。

我画画有个特点，作品拿到手里不能马上开始，我需要消化、沉淀。

有些细节应该对着画面说，比如说人拉肩扛那幅画面，有历史画面作为参照，但是模糊时，我就找了我的学生们来体验人物。

这里有一个小故事。我的一个研究生就画铁人，他的爸爸是大庆采油一厂的，他就是典型的油田子弟。

他给我拿了4套蓝杠的棉袄，那个棉袄挺神奇的，甚至就是石油工人直接脱下来给他的，衣服兜里还有工人的手套，带有石油的味道。当时我掏出手套，不禁说了一句"这个很有意思……"

我让学生们进行沉浸式表演，尽量让历史照片还原，用这样的方式向当年的英雄、向那一代人致敬！

铁人写的那些字说的那些话，的确是一代人的情怀。我画过雷锋，也画过邓稼先、黄旭华等人物，我懂得那一代人为国奉献的信念。

问：作为一位艺术家，尤其是以传统媒体方式作为媒介呈现给受众的艺术家，您对这种艺术的美育教育及审美价值是如何认识和定位的？

李晨：屏幕的闪光阅读和纸上柔软的光线是不一样的，触摸的感觉不一样！

这种艺术只能要求它越来越精，越来越干净，它是需要整合的，作为艺术家，要对时代负责，对自己心灵负责，对所塑造的人物负责！

我画的就是我心中的王进喜。

物证：纪念馆文物的幕后故事　叩击大庆历史星空的文博人

一代代文博人与社会力量的共同努力，对铁人精神遗产的传承，让他乡人"为一座博物馆，专赴一座城"

百年百场，代代相传，精神永恒。

沿着铁人的足迹，到玉门、去新疆，到北京八宝山革命公墓、去人民艺术剧院……2023年以来，纪念铁人王进喜诞辰100周年系列活动，"永远的铁人——王进喜生平业绩展览"百场巡展，始终在热烈地进行！

百场巡展内容，即以馆内藏品为蓝本，以提炼基本陈列精华为素材而成，被誉为是"一个移动的铁人馆""一部浓缩的《铁人传》"！

藏品是博物馆实施陈列布展、进行学术研究、扩大对外宣传的基础，是博物馆的灵魂所在。守护文物藏品，讲好铁人故事，是铁人王进喜纪念馆几代文博人与社会各界几十年的传承与继承。

"多少年来，捐赠始终是源源不断的，但2023年更不同，因为是铁人诞辰百年的特殊节点，刚到四月初，社会征集与捐赠就达到了往年全年的总量！"铁人王进喜纪念馆藏品征集负责人郭程说。

本篇故事，探访的正是纪念馆文物这幕后少为人知的细节故事。

"我们非常想写写这些故事，我们馆的文物里，有一大部分都是社会无偿捐来的，这种社会力量共同参与铁人精神的传承，是非常感人的……"

"2006年新馆开馆时，藏品大约4500余件，经过十几年的积累，到今年藏品总量已达22000多件！"

访问时，铁人王进喜纪念馆馆藏研究室的几个80后女生这样说。其背后，是一代代人们对铁人精神承继的真情见证！

一座博物馆的藏品，号称博物馆的灵魂。

一个馆的背后是怎么运作出来的？一个馆背后的支撑到底是什么？

铁人诞辰百年，当人们一次次把目光聚焦到文物展品上，也由此关注到，还有这样一群人，在做着大量的幕后工作。

这样一群人在做着这样一件事

2010年，郭程自西南大学考古与博物馆硕士研究生毕业后回到大庆。"我爷爷奶奶姥姥姥爷都是老会战，从小就听姥姥姥爷讲大会战的故事，爷爷奶奶也讲，到现在四个老会战，只剩下姥爷一个人还健在……"

郭程回到大庆到铁人王进喜纪念馆做了讲解员，家中祖辈四位老会战讲的故事，与展厅内的一幕一幕交叠重映："当年的会战大军吃的什么穿的什么，雪是怎么下，风是怎么刮，是怎么发现的大油田……"郭程再讲出去，就带着胎记一样的情感。

现在，郭程任馆藏研究室藏品管理干事，专门负责藏品征集工作。自2017年开始，文物征集工作就与她这个"油三代"连接到一起了。

从台前到幕后，郭程不觉得这是一件寂寞的差事！"比如在库房，针对一件藏品，去追索了解它的故事来源，它就在我的手上，我有幸去触摸它、感受它，尺寸、形态、经历……""要说我哪个瞬间最高兴？当我接到捐赠电话，当我把一件非常有价值的文物征集来，真正保护起来这一瞬间啊！"

与郭程一样，张讯枫、赵爱玲与邓靖也是80后，她们都是零距离接触文物最多的人。"每天进库、巡检，每天写一篇库房日志，拍照录入信息、清理消毒存放、温度湿度控制、文物性状监控检查，每一件藏品至少要录入14项信息……"专业化的文物保管工作，为守护宣传铁人精神文化遗产奠定坚实基础。

访问中了解到，2023年5月18日，在福建博物院举行的2023国际博物馆日中国主会场活动上宣布,铁人王进喜纪念馆顺利通过了第六次博物馆运行评估一级博物馆评估。目前全国6500多家博物馆中,一级博物馆204个,其中黑龙江省共有5个,铁人王进喜纪念馆是全国唯一的石油行业类一级博物馆。

作为国家一级博物馆,铁人王进喜纪念馆在文物的征集、保管、研究等方面形成了规范的管理体系,现有文物藏品22000余件套,国家珍贵文物384件套,固定陈列展出1170余件套。这些文物藏品是大庆石油会战、铁人王进喜英雄事迹的见证,更承载着弘扬大庆精神铁人精神的光荣使命。

从千家万户走来的城市故事与城市精神

"传承这种事情都是一代代传的,铁人纪念馆新馆虽建立于2006年,但它的文脉却是有历史的,是好几代纪念馆人的传承,历经半个多世纪的累积。"铁人王进喜纪念馆馆藏研究室主任张雷说。

"大家的纪念馆,社会的精神家园!"这是很多大众人群的感受,捐赠也因此带着深深的情感,带着人间烟火气,是从家家户户走出来的城市故事和城市精神。

乐园的一位腿脚不便的大娘打来电话:要把爱人的一件防油工作服捐给馆里,那是一套使用于20世纪60年代的工作服,里面包裹着过去的岁月和故事;有位老会战叫魏广庆,带来了自1960年开始至退休所有的荣誉证书,因其多个时代的延续性难能可贵,被定为二级文物……还有震动全国的"铁人五讲"手迹的发现,就是一位石油工人热心联系收藏者捐赠的……还有大庆油田文联的书画爱好者,来自社会各界的剪纸艺术家、陶瓷大师、文学艺术家、高校教授、科学院科学家等,但凡有铁人精神相关资料、作品、成果,他们第一时间想到的第一归宿都是铁人王进喜纪念馆。

"不做这项工作你感受不到,每到特殊的节点节日,总有一批人,念着铁人,记挂着铁人,清明节,铁人的生日、祭日……尤其是今年铁人诞辰百年的日子!"张雷说。

大庆油田发现者之一李德生院士的三页手稿、石油工业部原副部长李敬、石油工业部原副部长赵宗鼐、陕西省省委原书记安启元分别为铁人诞辰百年撰写的书法作品、中国海洋石油总公司第一任总经理秦文彩捐赠了 20 世纪 70—80 年代中国杭州织锦厂制黑白织锦画《"铁人"王进喜同志》……

多少年来,千千万万次的捐赠电话响起,千千万万记挂着念着铁人的社会性捐赠,构成了铁人王进喜纪念馆的无疆深情与无疆精神……还有一代代文博人的坚守与努力,老铁人馆的刘仁书记,每次捐赠都是几十上百件,都是他数十年宣传研究铁人过程中留存的资料、书籍;2014 年深秋黄叶满枝头的季节,在《铁人传》作者孙宝范家里,遇到张雷正在跟孙老征集文物、研究史料。

一个人与一座城

"这是一个长长的永恒的足迹,铁人精神是永放光芒的,需要用未来的眼光去看现在,结合新时代的任务,持续生命力的佐证,永无止境地去研究!为什么到大庆来一定要到铁人王进喜纪念馆,这是一个人与一座城的关系,是城市历史的印迹,所以要不断地去征集去保护……"铁人王进喜纪念馆馆藏研究员史金龙说,"一代代铁人纪念馆的文博人,都是为了铁人精神遗产的继承和弘扬,每件文物都是有故事的,这些故事如何转化成大众能接受的方式,让老百姓就觉得就在他们的生活中,这是非常重要的。"

铁人王进喜纪念馆陈列展览研究员张立凤说:"这个领域的工作有个特点,即不断有新的发现、新的爆发点,这是工作的动力,也是工作中特别开心的事;""再就是情感的连接与传递,比如那些记挂铁人的人们,他们的捐赠藏品,本身就是情感的载体,我们有义务传递出去,那些老科学家、老石油人,对铁人的崇拜,也是铁人精神永流传的最动人的乐章;""历史的细节,是馆藏工作的最关键内涵。我们必须不断去发掘和研究藏品文物背后的历史细节,回答每位参观者任何一个细节的提问!"

文物藏品的珍贵性,主要取决于它的不可再生。文物研究主要包括辨明真伪，评定价值，考证内涵，充分利用等多个方面。历经年代风霜的它们，重新焕发生机，需要文博人敏锐地阅读每一个细节，深入博览每一个相关，巧妙运用每一个焦点。

  一直以来，铁人王进喜纪念馆在坚实的文物藏品管理基础上，不断深入贯彻落实习总书记关于让文物活起来，以及大力弘扬大庆精神铁人精神等重要指示精神，以物展示交流，让文物自己说话，不断让更多大庆精神铁人精神的见证之物走进大众视野。以回报社会各界对铁人王进喜的难以忘怀的深厚情谊，为这座城留下永恒的精神印记。

留驻 23 年馆内时光的人

他的《走近铁人》一书，被誉为"浓缩的纸上铁人纪念馆"

70 岁的刘仁，微信名为"弘铁"——意为"弘扬铁人精神"！1990 年 10 月，时任大庆油田采油二厂党办秘书的刘仁，被任命为新筹建的大庆铁人王进喜纪念馆（老馆）副馆长，从那时起直至 2013 年退休，他把整整 23 年馆内时光，用笔实录下来，并于 2008 年出版《走近铁人》一书，被誉为是一部"浓缩的书上铁人纪念馆"！

《走近铁人》包括"铁人名言""铁人之最""铁人遗物""外宾谈铁人""名人谈铁人""战友家人谈铁人""群众谈铁人"等篇章，实录了当年当时正在发生的一切人和事，留驻了稍纵即逝的馆内时光……具时代性历史性，价值珍稀，不可替代！

近日，笔者特别约访刘仁，听他讲述穿越大半生的"铁人情结"。从 39 岁到现在 70 岁，他躬身弘扬铁人精神不止，他的精神世界里始终居住着英雄的铁人。

那年那月那时那"真情"

刘仁讲述——

1990 年 10 月，我从厂机关来到正在筹建的铁人馆时，满院子钻头瓦块，无办公室、无车辆、无食堂、无一台电话，只能搭别人车上下班……困难重重，对铁人的事迹不了解，文物寥寥无几，讲解员没招齐，完全是一个全新的工作，当时心里有说不出的滋味，甚至有被"发配"的感觉……

但后来发生的几件事感染了我——第一件事，是腊月的一天，天气特冷，那天我值班，一个67岁的老大姐，从萨尔图坐公交车到解放村下车，下车后向路人打听，告诉她顺着南二路一直往西走，她又步行八里路才到馆。当时还没正式开馆，我在展厅内见进来的这个人，浑身披满白霜，她介绍自己说是萨尔图区校外辅导站站长，她希望给孩子上的第一课就是讲述铁人故事！

我当时特别感动，后来知道她叫吴葵垣。

紧接着我又经历第二件事，那天也是我值班，天已快黑了，大门外突然来了一辆出租车，下来三个人，其中一人进门就问：这是铁人纪念馆吧？他接着问有没有上香的地方？我问为什么上香啊？他说铁人是我们心中敬仰的英雄啊，应该给他上香！

哎呀，当时我特别感动。虽然告诉他们没有上香这个先例，但也让我知道铁人在人们心中，是这样被人信仰的人！三个人都来自广东，是来大庆参加企业发展会议的，因为第二天一早就要离开大庆，临行前特地来敬拜铁人。

第三件事，是第二年深秋的一天，一位胃癌晚期的患者，在家人的搀扶下来到铁人像下。尽管他被癌魔折磨成皮包骨头，双脚叉开站着仍然颤抖不已，但他不顾大家的劝阻，仍然向铁人像深情地鞠了3个躬。然后，缓缓地直起身子，抬起头，久久地凝视着铁人，并动用全身的气力，大声说："铁人，我来看您来了！"……这个人就是楹联家、诗人、大庆油田总机厂原党委书记张长山，我一向敬重的老朋友。

留驻23年馆内"正在进行时"

刘仁说：来馆前，铁人在我心目中的形象并不是非常清晰的，我从未见过铁人，只是听说过这个为新中国建设拼尽最后一口气的人。但这一个个亲历的人们，一件件亲历的事，在洗礼着我，震撼着我！

1991年11月15日铁人雕像落成那一刻，大庆1000多工人、干部、家属……齐聚"铁人井"旁；此后，来自世界各地、四面八方、千千万万不同肤

色、不同种族、不同信仰的人们，不断地以朝圣般的心情来到铁人纪念馆——功勋卓著的开国大将、文学大家、艺术名家、体坛名将、国际名人……

铁人像前，人们举办入学、入队、入团、入党、入伍仪式；

新婚夫妇结婚不摆筵席而是轻车简从，来到纪念馆向铁人献上一束鲜花，并在院内栽上象征爱情永恒的同心树，系上红红的同心结……

宋代理学家朱熹曾说过："无时不可学，无处不可学，无人不可学。"

自1990年开始，除其他工作外，刘仁把自己的全部时间都放置在展厅，衣袋里装着纸和笔，随时记录，随时采访，随时学习。

为丰富馆藏，刘仁不放过任何一个机会。每有贵宾来访，他都不失时机地请贵宾们题词留念。纪念馆由此保存了国家领导人和社会知名人士参观题词的墨宝数百件。

1991年正月，刘仁与同事前往铁人家慰问，一番真诚的话语，感动着铁人的爱人王兰英，她和次子王月甫将珍藏了20多年的219件珍贵文物捐献，包括铁人的日记、参加中共九大的记录、出国访问的见闻、纪念章等都成了"镇馆之宝"。

"我开始根本没有出书的这个想法，我只是意识到，很难有人像我这样历经整个过程，如果不把当时当地所看、所思、所感留存记录，时光不再人事已非，有些东西将不复存在……"刘仁说。

魏巍题词：铁人精神气壮山河，大庆工人功昭千秋

采访中，仅以"名人谈铁人"篇章里的少许故事，请刘仁讲述，即可见再现当时的温情与感动——

2004年9月13日14时30分，84岁的诗人、散文家、小说家，杰出的军旅作家魏巍，在他的大女儿魏欣、警卫员小陈等人的陪同下来到铁人王进喜纪念馆。

魏巍在铁人塑像下留影，深情凝视良久；在一展厅"百年中国十大人物"

肖像前，当看到铁人王进喜名列其中时，连声说："对，好、好！"当看到展柜中展示的1963年《人民日报》刊登的我国石油基本自给的消息，他激动地说："周总理宣布这个消息时，我亲耳聆听到的"！

刘仁采访时，魏老谈到，"我特别能理解他（指铁人），他与红军战士、八路军战士、抗美援朝志愿军战士一样，都是苦水里泡大，深受旧社会的苦，一旦受到革命教育、毛泽东思想教育，就不得了了。他和那些英雄的本质是一样的！"

戎马半生的将军（魏巍系少将军衔）反复谈到英雄气概和英雄精神具有更深的含义。因为老将军1937年参军即在开国上将杨成武领导的红团，这个团不仅涌现了强渡大渡河的17勇士，而且涌现过"狼牙山五壮士"……

临走前，魏巍留下题词：铁人精神气壮山河，大庆工人功昭千秋。

当代社会学家、人类学家费孝通题词：学铁人促发展，奔小康兴中华；

漫画家华君武题词：人民诗人王进喜；

诗人公木题词：劳动使理想崇高，理想使劳动辉煌；

表演艺术家田华、陈强题词：民族之魂；

诗人柯蓝题词：北国风雪永远呼唤不朽的英雄……

再看"外宾谈铁人"——

美中关系全国委员会大卫·M.兰普顿先生：王铁人的精神令人鼓舞，他代表了中国人民的勇气和态度。我相信他将鼓舞全世界人民（1995年2月27日）。

日本国新止谷武：叶叶起清风，一片树叶跟许多树叶共同起到自己的作用，清风吹拂了世界。一个铁人也和众多的铁人一起为中国走向现代化记载了第一步，优秀的中国年轻人啊！要学铁人（1993年7月3日）。

德国贝克：铁人是真正的榜样（1997年12月6日）……

如今，70岁的刘仁，是中国博物馆学会会员，大庆精神铁人精神研究会常务理事，大庆文博学科带头人，他以弘扬铁人精神为终生己任。

24 年：一个石油工人的"铁人情"

他被称为"铁人的收藏迷"，他是"铁人五讲"真迹发现者

关彦良其人

访问关彦良，特别不容易，因他工作太忙。终于在 2023 年 8 月 5 日清晨 6 点联系上他，得到的答复是，他不能确定，可能随时就接到去井上的通知。幸运的是当日终于有了一个多小时的见面，可还未完成采访，他便去了井上。

8 日立秋这天的下午，再次电话联系关彦良，得知自那天到井上，至今还没回家。他实在描述不出自己工作现场的场景，便请他拍照过来，见高耸入云的井架，后面是乌云层叠，野外寂寞且辽阔——忽然有一种感受，人们心目中一个标准的石油工人的模样，就是他这样子的吧！

——他对待工作，像铁一样踏实、负责；石油情，是他心中最朴素也最坚定的信念。自 1999 年开始收集，如今关彦良 53 岁了，青春至中年，24 年一直在收集收藏有关铁人及中国石油工业史的藏品！

他的样子是：老实、木讷，问他什么，三个字五个字往外蹦，着实让听者感到着急。但却在见面、电话、微信断断续续的往来采访中，慢慢升起对这位石油工人的敬意！

关彦良其人，印证了那句话——一切出色的人都是朴素的！

他就是发现"铁人五讲"真迹的石油工人

2022 年，笔者曾以"石油工人苦苦追寻，研究小组赴京寻访'原主'，过程曲折，弥足珍贵"为题采写"铁人五讲真迹的来历"，文中提到的石油工人就是关彦良。

2007年初春，一名石油工人到铁人王进喜纪念馆的一次捐赠，引发整个中国石油系统的轰动，影响至今。因他捐赠的一个红色小本本，《毛主席语录》扉页背面上，是铁人王进喜亲笔题写的"五讲"真迹！

在那之前的41年里，"五讲"从未出现！人们只知道铁人的"三讲"和"四讲"。"铁人五讲"是铁人精神的最集中体现，无论对过去、现在、未来，都具有深刻的现实意义！当时铁人王进喜纪念馆立刻组成研究小组，赴京追寻，终于弄清了来龙去脉……

让人震撼的是，"五讲"真迹，最初是在北京一位收藏大家手里，被关彦良这个石油工人得知后，为求得真迹，自2000年到2006年，6年里关彦良矢志不渝去北京十几趟，对方依然不卖——因为"英雄手迹无价"！最终因感动于关彦良的真情，同意卖给他，他用自己价值不菲的大量文物和很多现金，换回了"铁人五讲"真迹！

但当时采访，仅是通过关彦良单位了解这次捐赠，对他本人的故事知之不多。由此多次联络，再访关彦良。

6万余件藏品：从崇拜者变成收藏者

单位的人称呼关彦良为老关。老关工作在中油测井大庆分公司，主要从事以水平井和爬行器声变页岩油过钻杆测井疑难井的测井工作！

在关彦良家中，笔者见到6万余件藏品，分别陈列于家中及外面的一个库房里，足可以办一个小型陈列馆。他的藏品，特点鲜明，多是与中国石油工业史及铁人王进喜有关。

从一窍不通到成为专业收藏大家，老关的收藏历程，缘起于铁人。

"我小时候就很向往大庆。"关彦良说。

关彦良出生在五常，小时候，他就知道在离家不远的地方，有个油城叫大庆，大庆有个英雄叫"铁人"。1994年，关彦良幸运地被分配到大庆工作。当上

石油工人，他深感自豪，童年光阴里听到的那些端水打井、人拉肩扛，石油大会战的故事，让他再次深深着迷，这种情感的驱动，让他本能地开始去搜集和收藏与铁人有关的文物。

最初什么都不懂，收集来的都是"小人书"（连环画）。如今，关彦良收藏关于铁人的"小人书"，有40多种。最早一本出版于1966年，名叫《在生产高潮中》。

后来慢慢摸到了门道，从收藏"连环画"到收藏石油先辈真迹，从跑收费站翻废纸堆到数十次往返全国各地拜访"老会战"、老石油专家，关彦良收藏的热情越来越高涨，对铁人的爱越来越深厚，藏品也越来越多，涉及的范围也越来越广。

从战报、手绘宣传画、珍贵资料、老物件……到更宏大年代更久远的中国石油工业发展史，从铁人到大庆城市历史，均有收藏。

值得一提的是，关彦良之所以有如此丰富的收获，源于他朴素的石油情。他憨厚可爱之处也在此！如前文所叙，因为这份情感，令他见到一件珍贵藏品，就会锲而不舍，跟踪三年五年，甚至十年八年也要弄到手。"铁人五讲"历经6年波折才捧回，他手中的一幅宣传画——《我为祖国献石油》也是这样，软磨硬泡了人家3年，登门拜访了20多次，对方被他感动，终于转给他。

从中国石油到大庆历史再到铁人：从收藏者到捐赠者

细数这些藏品——涉及中国石油工业发展史系列的，最早的文件资料是一九三几年的。

老关谈起了中国地球物理石油勘探事业的先驱翁文波、翁文灏，谈到了中国石油之父孙建初，珍爱地拿起李四光亲笔书写的两页文字，举起康世恩1949年在玉门油田签署的公文……

细细检索，可见收集有新中国成立前这些老石油先驱者出版的书籍，可见早期玉门等老矿区开发时候的相关文件资料……更多的是大庆石油大会战的文件资料，像1959年10月在北京召开的全国地层会议，即油田地层松辽平原现场会议……1963年10月印发的《松辽石油会战建立健全岗位责任制经验》文件……关于铁人的藏品最丰富：比如收藏的一张铁人王进喜同志报告会入场券，上面写着"人民大会堂二楼，从东门进 时间1966年2月20日上午9时"……更包括铁人瓷像、瓷板画、奖状奖旗、像章……茶壶、工服、帽子等生活用品……

老关还有两幅最珍贵的老照片：一幅是拍摄于1969年4月1日，上面写着："大庆首次活学活用毛泽东思想积极分子代表大会全体代表留念"；另一幅拍摄时间是1971年6月28日，是"中国共产党大庆第一次代表大会全体代表合影"。每幅照片多达上千人。

多年来，关彦良从一个收藏者，变成一个捐赠者。在铁人王进喜纪念馆成立之初，他一次性捐赠600余件与铁人与会战有关的历史文物；同时，全国各地建馆者都会慕名找来，像2022年，在西安中国石油测井有限公司开馆，找到老关，他无偿捐赠……

一个石油工人，数十年工作于一线，数十年收集收藏关于铁人、关于城市、关于中国石油的藏品，珍爱守护，其情可鉴，其心其行正是大庆精神铁人精神的内化及外延。

"长大后我就成了你"

55名莘莘学子成立口述文化社,持续着"铁人群像"的追访

2020年10月,国内首部三卷本《大庆石油会战口述实录》出版。

但书中的故事及成书前持续6年的追访,并未在生活中停止——大庆师范学院55名莘莘学子,以口述文化社的方式,继续着这项与时间赛跑的文化抢救工程。自2018年开始,星辰岁月里,他们以"采—转—编—讲"为特色的社团运作模式,"记录会战历史,传承中国精神",持续着《大庆石油会战口述实录》的故事。

大庆师范学院口述文化社(简称口述文化社)成立于2018年9月26日,是迄今黑龙江省唯一一家以口述历史研究和实践为特色的学生专业社团。本期访谈的主人公,正是口述文化社社团创始人和首席指导教师,现任大庆师范学院马克思主义学院教授,黑龙江省哲学社会科学大庆精神研究基地执行主任陈立勇。

2020年10月,《大庆石油会战口述实录》出版。

2020年11月7日,由中国传媒大学主办,中国传媒大学崔永元口述历史研究中心承办的第六届中国口述历史国际周成功举办,在具有"口述历史之夜"著称的环节中,陈立勇与多位知名专家,应邀先后做了《大庆精神铁人精神口述历史研究》《骆驼声——岭南非物质文化遗产传承人口述史》《见证者计划——疫情口述史》等项目的分享。

《大庆石油会战口述实录》能在崔永元口述历史研究中心呈现,足以说明其在国内外学界受到的关注度之高!

那年深秋,此书出版时,陈立勇在接受采访时情动于内,以描述性语言说了这样一段话——

"寻找一个人有多难?

那7年,我们奔赴北京、天津、四川、山西等10余省(市),只为了与一位位老会战[1]面对面交谈,从他们将逝的记忆里努力还原当年的峥嵘岁月。

寻找一段历史有多难?

7年间,我们形成访谈录音、录像资料1200余个小时,收集文物资料338份,整理完成超135万字三卷本的《大庆石油会战口述实录》。

我们很遗憾,如果十年前就开始做老会战口述访谈,一定能采集并保留更多丰富而清晰的口述史料;我们很庆幸,我们团队已经开始做了,如果再晚十年,某些历史的细节与全貌恐怕已无从知晓。"

口述历史,向前走,向后看:陈立勇的生命情感

一切源于陈立勇的生命情感,生命情感的住所,即人的心灵,也即人类的心灵体验。

早在黑龙江大学读研时,陈立勇就曾前往中国人民大学参加暑期高级研修班,系统学习了"口述历史",但究竟该怎么实践,他当时从没系统思考过。

毕业时,导师和他说:"要把社会学、哲学的专业背景与地方文化结合起来开展特色研究。"口述历史研究方法逐渐在学术记忆中被"唤醒"。

何为口述历史?

古老的中国就古而有之,妇孺皆知的如聊斋志异,但现代口述历史发端于美国哥伦比亚大学,主要是在已有的科学技术的基础上,以录音或者笔头记录,一对一与亲历者或见证者访谈。像崔永元发起的抗战老兵口述史,在社会大众心中留痕深久。

研究生毕业后,陈立勇到大庆师范学院任教,家住在东湖小区。有一天,他突然得知小区里一位老会战去世的消息,心头一震:"昨天还在听他讲石油会

---

[1] 老会战是人们对参加过大庆石油会战的老一辈石油人的昵称。

战的故事,怎么今天就去世了……"

一位老会战的离世,就代表一个生命记忆的离去!而他们的生命史,是国家记忆!

那些参加了大庆石油会战的57000余名的老会战啊,在一代代铁人后代心中,就是"铁人群像"!他们是大庆石油会战,或者说是中国石油工业史的亲历者、见证者和大庆精神铁人精神的创造者,他们的经历和记忆是留给后人弥足珍贵的精神财富……但他们正在一个一个离世……

陈立勇和课题组成员讨论后,一起提出了"大庆石油会战口述史研究"这个课题……

青春与"暮年"的相遇:学子转录南腔北调"老会战原声"

2013年,"大庆会战口述史研究"课题得到大庆油田党委的支持,决定由大庆师范学院大庆精神研究基地成立课题组,承担此项工作。

自此,口述历史科研团队加入抢救"国家记忆"的队伍中,开始了与时间赛跑的文化抢救工程。

7年间,课题组先后采访了245位老会战,形成了1200余小时的录像、录音资料……寻访的老会战,不仅有"五面红旗"朱洪昌等英雄人物,有作曲家秦咏诚等艺术家,更多的是像巡井工李福来这样在平凡岗位上默默奉献的"无名英雄"……其中有很多人,就在采访的几个月后先后离开了……

转战、追踪,天南地北,脚步不息……寻访过程,多数比较顺利,但也有曲折。部分老会战,或性格内敛,不善言辞,纵然有千言万语,也不知如何表达;或因年事已高,记忆力减退,对早年回忆只剩零星;或言语功能丧失,沟通表达只能通过点头、摇头;或地方方言太重……

系统采访和编辑整理过程中,大庆师范学院的老师和同学们、社会各界人士纷纷加入其中,或参与采访,或文字转录,或编辑整理。尤其是老会战来自天南地北，口述也是南腔北调，对于极其难懂的方言转录时，陈立勇想到了来自天南地北的学生们，很多学子们就这样加入了课题组中，开始了海量的转录工作……

"口述历史的特点在于它是对于以往历史的回忆，是回忆就有可能出现错误。所以我们需要用大量的、已出版的文献进行比对。"陈立勇说。

口述文化社成立：教育是一朵云推动另一朵云

2018年9月26日，大庆师范学院口述文化社成立了。

"起因，是陈老师在课堂上曾经提议成立个社团，持续追踪记录老会战的光辉岁月，让更多的人记住……我们经过一个假期的讨论，最后决定成立这种口述文化社！"第一届社长刘兴说。

如今，刘兴已经毕业多年，现在上海工作。采访时，刘兴对笔者讲述，就在几天前，工作业务往来中遇到一位东北的供应商，他们在一个下午的交流中，没有谈业务内容，谈的都是铁人群像里那些动人心魄的会战故事，最后他们双方无比信任地顺利签了合同！

与刘兴一样，24岁的邹启凤也是贵州人，也是第一届社团成员，如今在海螺集团工作。"当年我入学，一进校园就被校园内到处都是的铁人精神语录吸引，当时只知道铁人王进喜，后来知道了老会战群体，我因此成为口述文化社最初成立的几个成员之一！"

徐媛、周子萱，都是第一届社团成员，如今也都或创业，或工作。她们说："老会战们讲的时候他们眼里会发光，然后我们觉得我们眼里一定要有光，一定要有希望……"

"面对老会战爷爷们，我们在心里无数次说——'长大后我就成了你'！"接受采访的刘兴、邹启凤、徐媛、周子萱说。此时此刻，他们正在祖国的各地，在各自的岗位上，以老会战的精神成长着自我，磨砺着自我。

"我希望你们是火种，是星星，是蒲公英，不断地影响更多的人！""这是

一个生命与另一个生命的碰撞,是一朵云推动另一朵云的最深刻的育人课堂!"陈立勇说。

　　第一届、第二届、第三届……,目前已经运行到第五届,每一年都是新的开始,陈立勇带着不断新入团的学子们,永不停息地走在口述历史的路上,一个一个去追访,一个一个去聆听,然后去记录,去讲述,如星光传递一代又一代……

《铁人长歌》为何如此火热

万言长歌赞铁人，全国名家深情诵

2023年10月8日，是铁人诞辰百年纪念日。

随着这个日子越来越近，各种纪念活动陆续举办。就在此时，一首万言叙事史诗《铁人长歌》，在全国各大有声阅读平台及全国各地微信朋友圈热播热传，辐射面越来越广，越来越深。

诵者情深，听者深情。

据了解，参与朗诵《铁人长歌》的名家，包括国内著名播音员、国家一级导演，包括央视及各省市知名电视台主持人，包括全国十大小说演播艺术家……

《铁人长歌》作者左晓波今年68岁，退休前工作于采油七厂；诵读创作者孟昭臣今年66岁，退休前工作于石化公司。26日，笔者特别专访两位作者，听讲长歌创作及刊播前后故事。

所谓诚其意，毋自欺也。

一种精神，在一座城市，诚其意的真实呈现是什么？是自民间，在坊间，人们都能自发地纪念、怀念，并把这种精神作为一种信仰。

2023年10月8日是铁人诞辰百年纪念日。

2022年冬天，一间温暖的室内，几位生活在这座城市的人，闲聊着日常，话题慢慢聊到了铁人，聊到了铁人诞辰百年纪念日。就在那天，他们做了一个决定——为铁人的一生写一首叙事史诗，并把这首史诗二次创作成诵读作品或者史诗剧。其间，就有左晓波和孟昭臣。

左晓波创作谈：写铁人，与铁人的灵魂对接

"为什么命名《铁人长歌》？创作历经多长时间？主写铁人什么？以68岁年纪写铁人，创作感受是怎样的？"

针对笔者的访问，左晓波回答如下。

"《铁人长歌》共五章，自去年十月底开始创作，共历经三个多月完成。每天清晨三点起床开始写，每天持续写作四个小时。"

"我是采取倒叙的形式，先写死，后写生，然后再写生死的过程！我是写铁人一生，是叙事史诗，所以我把这首长诗命名《铁人长歌》！"

"我写的时候，没想过发表或者发布，我就是想写铁人！""不仅写铁人大干，写他艰苦奋斗这种英雄形象，我更要写他人性化的，情感的那一面。

比如，铁人平时有个习惯，坐不住，开会不是蹲墙角，就是上椅子，或者盘腿坐地，可他一进母亲屋里，就变得规规矩矩……

比如铁人去阿尔巴尼亚访问，发现商店有一种叫作"热得快"的器物，实际上就是水壶，他就想到井队在野外作业，用身上仅有的一点外汇，买了水壶……

比如有个工人病了，铁人给联系到北京住院。工人有个老母亲，冬天一呲一滑地到井上担水，铁人把他的老母亲搬到有自来水的地方，等到工人回来，找不到家了……

比如铁人在北京住院期间，还拖着病体，去京郊某农场，搞到了适合在高寒地区种植的一些农作物种子。他托人把种子带回大庆试种，希望能丰富缺少色彩的职工餐桌……

再举个例子，铁人专门为大队因公去世的人员建立了大队陵园……

……一个男人的魅力
不仅升腾着雄性阳刚之大气
还应具足侠骨柔肠之柔美

"铁人"是普通又朴实的西北汉子
是房东赵大娘眼中的"铁人"
也是一个"山般刚毅水样柔"的暖男

王进喜在玉门油矿的一位老工友说
"他是性子犟，直杠杠，铁面孔，热心肠
粗中有细，从不装相的真人"
"真人"把工人真装在心里
工人把"真人"当成真心朋友

1961年的春天，正是石油大会战
卡壳、较劲儿、玩命干的节骨眼儿
也是生活比曲麻菜还苦的春天
王进喜不仅要"全天滚"地管生产
还要管吃饭住房，管家属落户就业
管婚姻恋爱，管子女上学，管老人生病

一名工友因病住院
王进喜看到他的小脚母亲颤颤巍巍地
走到冻成了冰山的水井旁去挑水
他便把这个工友的家
搬到了有自来水的地方

一名司钻得了重病
王进喜两次托人带他到外地就医不愈
他便利用在北京开会的机会
求人让司钻住进了北京宣武医院

司钻的爱人在家带两个孩子很艰难
王进喜把她的工作
从农业队调到了服务队

……

"石油工人一声吼，找个老婆没户口"
钻井工人找对象难，也让铁人发愁操心
他千方百计，挖空心思
磨破了嘴皮子，给工友牵线搭桥
不知成全了多少井队上的"光棍汉"

铁人上井配了一台旧的军用小吉普
可他却用这台车上井拉料，送病号
只要看见路边有工人等车
小吉普就走走停停，见到工人就捡
有时宁可自己下车走路
也让司机把工人送回家……

左晓波以下的回答，犹如静水流深——"我写铁人，是与铁人的灵魂对接！我写铁人，准确地说，是将自己当年的工作生活又演绎一场，是铁人那个年代的'活报剧'。"

为什么这么说？

采油七厂1978年筹建，1979年成立，而我是1979年采油七厂第一批技校学生，正赶上七厂创建初期，生产生活条件与铁人当年来大庆创业时的情景基本相似。当年我们500多名来自全省各地的上山下乡的知青，是喊着'北风当电扇，大雪是炒面'天南海北来会战"的口号，开发建设葡萄花油田，之后我终生工作在七厂直至退休。

创作时，想到自己就想到铁人，想到铁人就想到自己，铁人是领着队伍钻井，我是带着大队工人修井，都是野外作业；创作时，我总做梦，梦见我在岗位上的作业工们，我仿佛回到了我工作的年代，回到铁人工作的年代，那些作业工，他们就是活着的铁人，他们一代代就是这样成长的……

孟昭臣累病住院：他说《铁人长歌》是凝聚了全国各地人的情感结晶

将《铁人长歌》制作成有声诗歌，是一次耗费心血的二次创作。

66岁的孟昭臣因此累病住院！

"朗诵是二次创作，把凉的文字变成热的，把死的文字变成活的，让它们插上翅膀，让它们飞起来，这才是朗诵！"作为长歌策划兼声音指导的孟昭臣说。

"完成二次创作的过程，首先确立作品主基调，然后再明确'歌颂和弘扬铁人精神'的主题，准确把握作品的脉搏，随着作品的情感发生层次变化，掌握好停、断、连节奏，做到以情带气，以气托声，以声传情……"

采访中了解到，左晓波、孟昭臣及全国首届广播电视主持人金话筒奖金奖获得者王怡霖，是长歌出炉的三位主要策划者。

孟昭臣介绍，在黑龙江省，有个在省内及全国都具有很大影响力的专业诵读平台，名为欧震艺术馆，涵盖了全国各地顶尖的朗诵名家及央视于各地市电视台的著名主持人。

打开《铁人长歌》音频第一章节，即可见如下诵读的名家名字——国家一级导演、演员，全国十大小说演播艺术家王波，著名播音员、中国播音主持"金话筒奖"，全国十大小说演播艺术家闻佳，青年朗诵名家、中国诗歌学会朗读专业委员会专业委员费军，深圳市朗诵艺术家协会副会长、著名节目主持人红石，全国首届广播电视主持人金话筒奖金奖王怡霖……

迄今，共有来自全国各地31名朗诵名家参与。

诵读铁人之声，迅即传遍全国各地。中广联合会有声阅读委员会所属全国

各地电视台的有声阅读平台纷纷转载,包括中央广播总台、新疆广播电视台、云南、河北、上海、贵州、四川……数十家电视台的阅读平台。

"我是纯纯的油二代,我对我们的城市大庆,我对铁人老队长的情感,深入血脉。但《铁人长歌》的出炉,不仅仅是我们几个,它是由一个庞大的团队完成,这个团队包括咱们大庆人,像大庆的王红玉,更包括来自全国各地的人们……"

就在采访时,《铁人长歌》正在大庆,在全国各地传播……

那活着的,是永远的精神、永远的铁人;那不灭的,是对祖国始终不渝的无限热爱。

如左晓波在序章中写——

一个人的名字,与一座城的名字
在中国石油史上紧紧连在一起
拿下了一个世界级的大油田
铁人——大庆;大庆——铁人
……
铁人精神
早已融入了民族的精神血脉
这血脉,铁血奔流
荡气回肠,气贯长虹

左晓波:中国石油天然气集团有限公司优秀共产党员,原大庆油田作协副主席。与人合著出版《凡人点滴》等书。电视剧《在昨天的土地上》(编剧,长影摄制)诗歌获当代作家(诗人)杰出文豪榜、中华文人百强榜、传世经典榜三榜联合大赛第一名。

孟昭臣:欧震艺术馆指导老师。中华文化促进会社会艺术水平朗诵考级标准示范朗读专家组成员,中国曲艺家协会会员,黑龙江省朗诵联盟副主席,黑龙江省演讲口才协会副秘书长、省综合大赛评委。省诗文朗诵大赛评委。

张子旭：丹青绘传承　珍品献铁人

历时两年创作《松基三井图》，捐赠给松基三井教育基地

2023年10月24日上午，纪念铁人王进喜诞辰100周年《松基三井图》捐赠仪式在松基三井教育基地举行。

《松基三井图》由中国民主建国会（简称民建）大庆市委副主委、大庆油田书法美术协会副主席张子旭创作，是经两年多的采风构思、反复打磨，将石油元素融注笔端的一幅艺术珍品。

画作两侧是由大庆市作家协会诗词楹联学会楹联指导老师梁玮新撰写的《松基三井联》，全联为"吼出凌云志，撬开宝藏门"，楹联与画作相呼应，形成了强烈的艺术感染力，寓意"大庆精神铁人精神"永放光芒。

捐赠活动由大庆市政协、大庆市委统战部、民建大庆市委、大庆油田党委宣传部主办，民建大庆画院、大庆油田第五采油厂承办，相关领导参加了捐赠仪式。

丹青绘传承，根脉同守护。蓝天碧野下，松基三井圣地，为纪念铁人诞辰百年的这一特别仪式在每个人心头永恒。

蓝天、大地、阳光、深秋，群树苍翠！

高2.5米的中国画《松基三井图》矗立在松基三井纪念碑旁——全部景界组织成一幅气韵生动的艺术画面！

观者如置身于大自然的一部分节奏中，上下四方，一目千里，形成宗白华《美学散步》中所评："山水之法，以大观小"！

《松基三井图》是以松、石、大地、采油树构图成完整的艺术形式，既有中

国山水画传统的"千年记忆",又与现代语言相结合,以国画形式解读了大庆精神铁人精神的深刻内涵。

作者张子旭是如何萌生创作这幅珍品?其经过可谓曲折动人。

《松基三井图》中:有中国山水画传统的"千年记忆"

捐赠仪式上,张子旭谈起《松基三井图》创作难点——

"这幅画的创作与构思,源于古老的金文文字,金文绝大多数是与器物一起被浇铸出来的,与采油树的表面质地相契合,故而产生了创作上的灵感,为了表达金属的质感,选用了贴金铂铺底色的办法来营造出艺术氛围。

此画在构思上已有时日,长于创作时间,是一幅主题性很强的绘画。用国画的形式表现出来时属不易,其中选材与笔墨皆有所不同,不是直接画于宣纸之上而是立体板式,底色贴上一层金铂,并与画中的采油树合而为一的金属感相一致,金铂属性光泽,亮丽,润滑,不易着色,就采取去色的办法,还要保留金属质地,这样画面会呈现出苍茫、古厚、润色之感。"

张子旭介绍,《松基三井图》的创意灵感,主要是汲取了中国最传统的青铜器鼎的材料效果,其底色是透金,略带锈迹和石绿色,隐约呈现出斑驳的质感,从而形成了一种非常浑厚苍茫的感觉!

这正是张子旭苦苦追索的,作为油田艺术家,生活在这片生长着大庆精神铁人精神的热土上,一种气息始终萦绕于胸中——要创作一幅"我们自己的主题性的题材和作品"!但如何去诠释?怎样的作品才能将这种精神,这种力量解读?

灵感的破题源于生活!

近几年,在全国各地市兴起一种民间性质的写生俱乐部,不设门槛,有艺术名家,也有初学涂鸦者。他们走进活泼的现实生活中,走进了祖国的山山水水间,也走进了万姓千家的生活中。艺术与生活彼此对话,彼此呼应,唤醒了艺术家们的心灵。

张子旭也参与了其中,一次外省写生中,他走进一户农家院落,豁然而见一幅中堂画,狠狠震撼了他,心头顿悟——大庆精神铁人精神作为中华民族伟大精神的重要组成部分,这幅作品中一定是有民族的魂,民族的精神!

再看《松基三井图》,其松树、石头、大地、采油树的意象构图——松树象征着万年长青;石头亦指青山;采油树运用了竹子挺拔向上,"咬定青山不放松,立根原在破岩中;千磨万击还坚劲,任尔东西南北风"的担当精神,"石油工人一声吼,地球也要抖三抖;石油工人干劲大,天大的困难也不怕"的奋斗精神,与两边的对联融为一体,形成了强烈的艺术感染力。

小女子创作《松基三井联》:吼出凌云志　撬开宝藏门

在完成《松基三井图》的绘画主体后,张子旭依然觉得力量不够,还缺少一种文化的味道——由此,《松基三井联》应运而生——"吼出凌云志,撬开宝藏门"!

而且张子旭引用汉隶字体,其雄浑大气与整幅作品浑然一体!

联的创作者梁玮新,是位容貌精巧的女子,却做出如此磅礴气势的作品,其根源在于"情"!对这片她生活的土地的感情!

梁玮新说:当她触眼看到《松基三井图》那一刻,再想起这片土地上发生的那些气壮山河的故事,这幅联就直抒胸臆了!

上联以动词"吼"字起首,意在开篇即气势宏伟,可见当年32118钻井队百里大搬迁的壮举,在队长包世忠带领下,将设备从安达县任民镇以东的松基一井,喊着号子、人拉肩扛搬到松基三井,又意在烘托出"石油工人一声吼,地球也要抖三抖"的豪迈;"凌云志"则展现了以铁人为代表的石油工人"宁肯少活二十年,拼命也要拿下大油田"的豪情,为祖国摘掉贫油帽子的雄心。

这是一片神奇的土地,这是一片英雄的土地

松基三井,松辽平原第三口基准井,是大庆长垣构造带第一口探井,也是大庆油田发现井。

松基三井,是松辽盆地第一口喷油井,是发现大庆油田的标志,是中国石油史上的里程碑。

大庆,正是从这里走来!

当1959年9月26日,松基三井喜喷工业油流……气壮山河的石油大会战由此开启了……

松基三井见证着历史,也见证着未来!

辽阔高远的蓝天下,绿树环拥间,参与捐赠仪式的人们,立在松基三井纪念碑前,讲述着那一代石油人在这片土地上书写的一个又一个传奇故事,讲述着铁人王进喜的故事——

铁人王进喜是大庆人的杰出代表,中国石油工人的楷模,中华民族的英雄,他为祖国石油工业的发展和社会主义建设立下了不朽的功勋,在创造巨大物质财富的同时,还给我们留下了宝贵的精神财富——铁人精神。

铁人精神是"爱国、创业、求实、奉献"大庆精神的典型化体现和人格化浓缩,是我们中华民族精神的重要组成部分……

两个"铁人"

"石油的儿子走了,沿着原油一样黑的子夜走了……"报幕人悲壮的、诗一般的朗诵声穿越时空,在剧场中央久久回荡时……观众蜂拥到台上,擦着泪水,拥抱着久违的"铁人"……

2021年3月7日12时53分,"德艺双馨"艺术家,文华奖、五个一工程奖获得者,国务院突出贡献中青年专家,国务院特殊津贴获得者,国家一级演员杨树田在广州因病辞世,享年66岁。

杨树田深耕表演艺术50年,一生成就辉煌。他的精湛表演融入了多年在大庆工作生活体验,被誉为话剧舞台上饰演"铁人"形象最好的演员。

1960年,杨树田随参加石油会战的父亲来到大庆,石油工人的酸甜苦辣、喜怒哀乐,他深有体会。

1970年,杨树田开始走上舞台,师从李默然、袁阔成、李豪千等名家,他把对这片土地的热爱融入艺术创作之中,表演风格自成一家,塑造的艺术形象生动饱满、富有张力。

多年来,杨树田担任男主角表演的话剧《大荒野》《地质师》《铁人轶事》等,屡获中华人民共和国文化部文华奖、中国戏剧奖梅花表演奖、中国话剧金狮奖等重要奖项。

他还参演了《弧光闪闪》《黑色的石头》《爷俩儿》《在希望的田野上》《中国命运大决战》《东北抗联》《远东特遣队》《村支书郑九万》等数十部影视剧作品,塑造了丰富的荧幕形象。

杨树田老师虽然走了,但他的艺术形象永远鲜活。后辈将继续传承他的追求、他的深情、他的挚爱……

本文采写于2005年,犹记得在仲夏金灿灿的阳光下,在一处公园的长椅

上,与杨树田的对话采访过程中,带给笔者的是他对铁人无边的深情,感染着身旁的草木。

杨树田主要艺术成就:

1992年,主演话剧《大荒野》,饰演老梁头,荣获中国戏剧梅花奖;

1997年,主演话剧《地质师》,饰演洛明,荣获文化部文华表演奖、中宣部"五个一工程奖";

2006年,主演话剧《铁人轶事》,饰演王进喜,荣获中宣部"五个一工程奖";

2006年,主演电影《村支书郑九万》,饰演春亭,荣获中宣部"五个一工程奖";

2011年,主演话剧《地质师》,饰演洛明,荣获中央戏剧学院首届"学院奖"最佳主角奖。

【正文】

2005年6月的一天,杨树田从另一座城市匆匆赶回大庆。

暮色时分,已经踏上这片土地的他像孩子一样激动着,迫不及待大踏步地走着。

耳旁,一直响着那个声音:"以最快的速度赶回来,大型多媒体话剧《铁人轶事》的'铁人'由你来饰演!"

一夜白了发

已近八旬的老父迎在门前。

"老爸,听到这个消息,我马上就推掉了中央电视台、长春电影制片厂的两大片约,往回赶!"与老父亲说完这句话,杨树田直奔剧团而去。

去剧团的路上,他一直在抑制着自己的情绪,却难能平静!

"我的根在这里,我的情我的魂在这里……

已经52岁,他却像孩子一样激动,像孩子一样"慌乱"!

他流泪了！

人到中年，已是国家一级演员，已获"梅花奖""金狮奖""文华奖"等49项大奖。多年来，接演了几千部大戏，几百个剧目，百余部影视作品。

但是，饰演"铁人"，是他作为一个艺术家，魂牵梦萦的等待。

6岁大，他就跟着父亲来到大庆这片土地，塑造过一系列反映石油及石油工人的话剧，常在午夜梦回时，他想起那句诗——为什么我的双眼满含泪水，只因为我对这片土地爱得深沉。

到了剧团，眼前的一切让杨树田有些幸福地晕眩，所有硬件都已预备齐全，整个剧组50多个人就等着他的到来。

夜以继日，杨树田就扎到了"铁人"堆里，查阅所有有关铁人的资料，听铁人的讲话，录音，看铁人所有的影视作品。

一天午夜，仍沉浸在铁人精神世界中，杨树田燃起第十二根香烟。"铁人的人格魅力，铁人的精神，我怎能达到？不达到这个境界，老一辈与铁人并肩作战的石油工人们，怎会认可？"

第二天一早，镜子前的杨树田，额前多了一大撮白发。

六月里穿着老羊皮袄，排练一场紧似一场

排练开始了，剧场上空，200多个几千伏聚在一起达几万度的灯光一亮，演员们就全部上场。为找到真实的感觉，他们全部穿着当年的狗皮帽子，老羊皮袄老棉裤，戴着钢盔。老文工团那座破旧的楼，无空调、无排风，电风扇也接不了，六月的三伏天里，《铁人轶事》的排练一场紧似一场。

剧场外面随时候着120救护车，2个多小时的演出，杨树田的每一分每一秒都是在高速运转中。《铁人轶事》演绎的是铁人的8个生活片段，每一场都是激情戏。大运动量，大声说话，加上无法忍受的高温，汗水顺着裤腿水一样的流淌出来。

整台戏，没有休息时间，除了台上表演，就是抢换服装，从冬到夏，从春

到秋,从棉到薄……换服装的空隙,杨树田要到事先准备的吸氧机前吸氧……

心脏病、颈椎和腰的疾病,在高强度演出前,都开始要招架不住。

每场演出下来,杨树田都似大病了一场。

每一次走上舞台前,都挂着点滴。

在演第六场"铁人小学与第一堂课"时,扮演小学生的演员,忽然惊恐地发现,杨树田老师的手背上,正放箭一样喷着血……原来,杨树田是从龙南医院的病床上直奔剧场的,点滴的针头埋在手背上,换服装时被刮翻,导致流血,但投入的演出让他浑然不觉……

二十几天的排练,杨树田晕过去两次。

人都说,杨树田是以铁人的精神在演铁人。

扮演铁人,杨树田从年龄上到形象上,都不占优势。

"形不似就要神似",他近乎苛刻地要求着自己。

从"我不是"到"我就是铁人",是个痛苦的过程,是个孕育的过程。

他说:"要逐渐逐渐从自己的体内长成肉芽一样,长成新枝嫩芽;从零开始,你的一举一动,内心的走向,你的灵魂都屹立着铁人的精神时,你就不是在演,而是在还原一个真实的铁人,才算达到巅峰。"

"宁愿我少活20年,也要演好铁人。"他说。

恍惚间,台上,就是"铁人"

2005年8月23日,《铁人轶事》公演正式开始。

"嗨……嘿……大泵向前走啦!嗨……嘿……脚下别打滑呀!嗨……嘿……"那声音苍劲嘶哑,惊醒了曾经的千古荒原!也惊醒了台下的观众,恍惚间,台上,就是"铁人"。

"石油的儿子走了,沿着原油一样黑的子夜走了……"报幕人悲壮的、诗一般的朗诵声穿越时空,在剧场中央久久回荡时……观众蜂拥到台上,擦着泪水,拥抱着久违的"铁人"……

演出，获得了巨大成功！当年曾经跟铁人一起战斗过的，熟悉铁人的人，都把舞台上的杨树田当作了铁人……

《铁人轶事》开始在全国巡演，从2005年8月开始在很短时间内，已演出百余场，创造了话剧演出的奇迹。每到一处，感人的剧情、精湛的表演，都牵动着每一位观众的心。有的观众一连看了几场，许多观众边看边流泪，震撼于铁人的铮铮铁骨，更感染于他正直、忠义、孝道的人性光辉。

在新疆演出之后，观众们拥上台，要求加演……

在铁人的家乡玉门油田演出时，人们拥向舞台，拥抱着杨树田……

一幕幕真实的感动中，铁人精神在传播着……

演铁人成为"铁人"

2008年8月13日，杨树田穿着护腰的铁背心，再回大庆。

这次，他是为创建文明城市来演出《铁人轶事》的。临行前，妻子因他身体的原因，坚决不同意他来。但是，他是一定要来的。

话剧，不同于别的剧种，只要不停，就永远在创新中。3年多的时间，杨树田一次次走上舞台成为"铁人"，每一次，他都能再一次体验到铁人新的闪光点，铁人的精神在潜移默化地影响着他。

演出时，很多人都劝他不要做跳泥浆池那个动作了。但他依然不顾受伤的腰椎跳下去，他要让每一次的"铁人"都完美。

他说，精神的巍峨，永远流传！

"我愿意终生演绎铁人！"

《铁人文学》十六年

——城市文学与城市精神的民间表达

2004年10月1日,《铁人文学》创刊,著名作家魏巍为《铁人文学》题写刊名,原石油工业部副部长李敬为《铁人文学》题写寄语,著名画家李廷甫为《铁人文学》画封面。

到2020年10月1日,《铁人文学》创刊16年,共出版36期,铁人文学社成员衍生出版相关书籍126本。16年坚守,《铁人文学》是一条河流一样流动的艺术载体,是民间对大庆精神和铁人精神的自觉弘扬和书写,是以民间话语民间力量的形式书写城市故事,弘扬城市精神。

安达有个小印刷厂,已经不记得名字了,印刷厂的正对面有一个小旅店,店名叫"圣贤居"。屋外寒风瑟瑟,小旅店破旧的房间寒气逼人,屋里有两台电脑,两人坐在电脑前一边一行一行地读着文字,一边有说有笑。

"这则故事不错,你以前肯定没听过。"浓眉男子指着一则故事给国字脸男子看。

"嗯,这些故事估计也就咱们社里人能挖到。""国字脸"看后赞叹道。

"平文,你猜这作者几岁?""浓眉"显然想继续这个话题。

"和你我一样,六十多岁吧?"被叫作"平文"的"国字脸"随口应道。

"二十多岁的小青年,哈哈。""浓眉"朗笑。"文笔很成熟呢。""国字脸"不吝褒扬。

"是我的学生,嘿嘿。""浓眉"不无得意。

很难看出,两个人竟然都已经六十多岁,谈笑间眼里光芒闪烁,这二人正是《铁人文学》总编,"国字脸"叫王平文,"浓眉"叫王文超。

"文超，你今天咋这么爱说呢？"王平文突然问道。

"可能，是有点儿冷吧？"王文超声音有些颤抖地说。

"你一说我也感觉冷。"王平文裹了裹衣服说。

"你说'圣贤居'这名字是雅还是俗呢？"王平文问。

"管它雅俗，今天咱哥俩就做一回圣贤。"王文超自我调侃。

屋子里越来越冷，已经没办法正常入睡，就把棉被裹上继续工作。

第二天，两个人都流起了鼻涕。

"咱俩是流鼻涕的圣贤。"王平文逗趣……

最初的故事：王文超与王平文

很多人都知道，大庆有个王文超，是《铁人文学》创始人。

2020年，王文超74岁。2004年，他创立《铁人文学》时，58岁。

2003年，王文超出版了一部反映会战时期钻井工人生活和工作的文集《背磨人》，引起八百坰街道办事处的注意：铁人的故乡有这样的人才，何不办一个铁人文学社？2004年4月9日，铁人文学社成立，王文超被聘为社长。10月1日，《铁人文学》创刊。

上文故事中另外一个主人公王平文，退休前，是油田水务部门的工程师，一辈子与水打交道，患上了风湿病，年近古稀，一瘸一拐，胡子拉碴，满面沧桑，双腿罗圈。王平文和陈忠实是老乡，他说《白鹿原》中的风物他再熟悉不过。这个典型的陕北汉子，总爱咧嘴笑，性子温和。

"《铁人文学》因经费短缺办不下去时，王平文主动跟我说，'我支持你，咱们自掏腰包办下去！'这事发生在2010年。为节省费用，我俩跑到安达印刷刊物。"王文超说。

王文超把烟戒了，他说："以前，老伴一个月给我600元烟钱，我把烟戒了，这钱月月攒着，连老伴都不知道。省下钱，办《铁人文学》！"

王平文家里实在不宽裕。每天一进家门爱人就把他兜里的钱掏得精光。

王平文就在外面打了三份工，给人打更看门，赚钱赞助《铁人文学》出版。

2004年《铁人文学》创刊时，原本有企业承担印刷费用，但到了2010年，人家不再出这笔钱了。

"那时你们想过放弃吗？"原本就没有酬劳，还要耗费大量精力办刊，在没人支持时选择放弃也是常理。

"想过，但不能。"王文超说。从2011年到2016年，6年时间里《铁人文学》从未间断出版。2016年底，油田相关领导了解到情况后，《铁人文学》印刷发行问题终于得到解决。

2004年9月13日，魏巍来大庆。王文超和魏巍谈起《铁人文学》创刊的事，魏巍当即为《铁人文学》题写刊名。"'铁人文学'这几个字，不仅代表一本刊物，更代表一种精神！"

"铁人故里"的真诚讲述，如同来自辽阔时空的口述史

铁人大道自北向南笔直宽阔，铁人大道的最南端有个地方叫八百垧，这里是"铁人故里"。

《铁人文学》16年，就生长在这里。有人曾这样评价这本刊物：《铁人文学》就像一个穿行在巷子里的人，静静地生长，遵循着自己的方向，善意地凝望却不去惊扰周边的人。她没有当下的时尚元素，也不去刻意讨好大众的审美……

最开始，铁人文学社成员多来自"铁人故里"，慢慢地，《铁人文学》几乎吸引了这座城市所有写作者的目光，引来大庆本土作家百余人，文学爱好者和一些从未动笔写作的老会战们也都参与进来。这些作者有青年，也有耄耋老人。

《铁人文学》的编委们多是有本职工作的人，也有已退休的老石油作家。创刊时，和王文超一起工作的核心成员有王国仲、董安平、王献力、隋福成、孙希江、王运革等，到后来一大批老石油作家及更多的志愿者加入进来。董安平是《铁人文学》编委之一，负责《铁人文学》每期20多万字的校对工作，于今已经坚持了36期。在大庆文化圈里，他被很多人熟知，称他是《铁人文学》没

有工资的"保健医"。

几年前，大庆师范学院教师、评论家张大海就曾谈道：《铁人文学》有两个价值取向，其一是文学的取向，在王文超的意识中，铁人文学社既然以铁人命名，就要有铁人的精神、铁人的作风，要能在文学创作领域讲述铁人等老一辈石油人的故事，同时又能在文学风气的引领上发扬大庆精神铁人精神。他能有这个认识，说明他抓到了文学的精髓，因为一切的文学作品，拼到最后都是拼作者的精神。其二是历史取向。在铁人旗帜下，王文超集结了一批老一辈石油人，让他们通过文学作品来丰富这座城市的历史底色。这样一个自发产生的队伍，最可贵的是每一天队员们都在真实经历着。这份真实经历再加上他们真诚的讲述，作品就如同来自辽阔时空的口述史，丰富了后来者对大庆历史的认识。

多少年来，《铁人文学》的作者们没有稿费，但他们无比忠诚的热爱《铁人文学》。诗人王献力为写铁人万行诗，去甘肃玉门采访，雇向导进沙漠，花费他上万元……这期间，他写了三百多首诗。回来后，又创作万行诗《创业浩歌》，著名诗人贺敬之曾给予很高的评价。关士芳因对铁人精神的感悟，对抗战烈士心生敬仰，要写一本抗日英烈的书，走访黑龙江省各个烈士陵园、纪念馆，实地考察虎头要塞、东宁、漠河等地，写出纪实文学《铁血丰碑》。2017年，《铁血丰碑》还在编辑阶段，关士芳去世。2019年底，《铁血丰碑》出版。

铁人文学社有良好的学习氛围，作家老师们都愿意带新人，刊物也为文学新人留有专门的版面。《铁人文学》设置的栏目比较多，小说、散文、诗歌、文学评论、文学欣赏等体裁都有涉及，时至今日一些精品栏目仍有保留。

其中，《铁人轶事》栏目主要刊登文学社成员挖掘到的铁人小故事，《会战岁月》主要是大庆作家、老会战写的会战故事，《共和国不会忘记》刊登来大庆的石油工业部领导们的故事……那些鲜为人知的往事，那些具有抢救性价值的历史史料，通过《铁人文学》作者们的文章得以呈现。

作家孙宝范在写《铁人传》时，采访了600多位大庆老会战，但仍能从《铁人文学》中找到大量未掌握的小故事，后来，孙宝范也加入铁人文学社，成了文学社的顾问。

《铁人文学》滋养着大庆人的文学情感。16年来,铁人文学社成员共出版书籍126部之多。王文超出版的文集《背磨人》、小说集《太阳从这里升起》、王运革出版的《会战词》(共8部)、王秀文出版的《把爱献给油田》、刘永祥出版的《荒原深处》……其中老会战出版的书籍,就有26部……

流香16年:扎根故里全国留名

广州某知名杂志社的主编说:"大庆有一个刊物叫《铁人文学》,它立足本土文化,发扬本土文化的精、气、神,非常值得我们学习。"

民间性质的《铁人文学》全国有名,来自长庆油田、大港油田、盘锦油田、辽河油田、河南油田等地的作者,不停书写,不断投稿。

2019年,为庆祝大庆油田发现60周年,《铁人文学》推出9·26专刊。

这期专刊,由铁人文学社顾问赵德水与王文超共同策划;由原石油工业部副部长、94岁高龄的李敬撰写文章;萧军长子萧鸣题词;八位国内书法名家撰写书法作品……曾为铁人做过翻译的孙忆新、白求恩纪念馆原馆长孙识路等人都为此来到了大庆……这期专刊里,发表了孙忆新、胡世宗、孙宝范、孙希江、蒋其凯、薛文达、张晓光、汤儒勤、齐学忠等人的文章,这些作品情感深沉,极具史料价值。

附:《铁人文学》的价值及意义

李枫(大庆市全民阅读首批主讲师、教授、大庆市文艺评论家协会主席):

《铁人文学》是弘扬大庆精神铁人精神的艺术载体,它是一个系统的,像河流一样流动的艺术载体。它很重要的一点,是民间话语主流意识形态的昂扬书写,反映的是民间对大庆精神铁人精神的自觉弘扬。它以这样一种民间话语形式和众多文艺媒体形成一个体系,是民间的作用,且主题突出。就文学史艺术史的研究来讲,它是大庆文学研究的一个载体。

杨铁钢(大庆市全民阅读首批主讲师、知名评论家):

首先要明确,《铁人文学》是民间自办的纯文学刊物。我不知道全国这样的纯文学刊物有多少，但我知道《铁人文学》应该是大庆历史上的独一份。

《铁人文学》至少有三方面的价值和意义：第一是对文学的坚守。他们坚守着文学的真谛，坚守着纯文学的创作和出版，是非常难得的。第二是体现了对于铁人精神的坚守。刊物创办这么长时间了，非常不易，这本身就是铁人精神的一种继承和弘扬。第三是从这本刊物所发表的作品来看，体现了对石油文学的执着与坚守。

就其价值来说，我认为也能看出三个方面的文学、社会的价值和意义。第一，《铁人文学》为大庆的文学爱好者，为石油系统乃至全国的文学爱好者及工作者，搭建了一个发表作品的平台，交流创作经验的平台，产生了不可低估的文学价值和社会价值；第二，《铁人文学》为培养文学新人，营造了一块园地。据我所知，大庆的不少作者，甚至是成名的作家，都在这本刊物上发表过许多有社会意义、文学价值、一定层次的作品。有的人就是通过这本刊物发表了自己的处女作、成名作，以致后来成了"气候"；第三，《铁人文学》为大庆市、黑龙江省乃至全国石油系统打开了一个展示本土创作的窗口。这里面发表了很多有名的无名的作者、作家的作品。通过这样一个窗口让全石油系统、全社会乃至全国，了解大庆本土创作。因此，《铁人文学》的社会价值和艺术价值是不可低估的。

肖铜：从"三个心结"看铁人爱国情怀

正是这种心结和追求，爆发出激情燃烧的活力，像井喷一样，像地火一样，他们把自己的能量最大限度地激发了，所以能把石油大会战三年时间打下来，建成了高速度、高水平的世界大油田！

2023年春天，参加油田组织的一次座谈会，国内一位著名文化学者，在关于大庆精神铁人精神的传承与宣传上，说了这样一句话：永远流传下去的是情感价值！

2023年初以来，肖铜始终处在一种思考中。其思考原点，源于今年是铁人诞辰100周年，也源于他对大庆精神铁人精神全景式地多年研究。

肖铜说："是一种越来越可见可感，离我们越来越近的温暖感受！"

本篇"铁人的三个心结"报道，就是源于肖铜这样的感受，这样的思考结晶。

肖铜说：我们每个个体的人都有自己的"心结"，铁人也有他的心结，铁人的心结是跟主动承担国家和民族压力的家国情怀连接在一起，是跟强国复兴的伟大梦想连接在一起！

肖铜充满激情地谈道：

我们到铁人王进喜纪念馆，电话筒里听铁人发言录音，他说：我就不信我们国家这么大，石油都埋在其他国家地里去了？他心里是憋着一口气来到大庆石油会战的！

他的母亲问你去参加大庆石油会战家里吃饭怎么整？他说大油田开发了之后，全国人民都有饭吃！

他说，我们不能眼睛盯着井架上的小红旗，而是心里面要有一面党和国家的大红旗！你看这就是大情怀，所以越是研究铁人，就越觉得他真是伟大！

铁人的那种拼命大干、苦干、硬干，不仅仅是行为上的，也有心理上的梦想和期待啊！

这种梦想和期待，凝聚成的情结，是铁人精神追求的制高点！正是这种心结和追求，爆发出激情燃烧的活力，像井喷一样，像地火一样，他把自己的能量最大限度地激发了，所以能把石油大会战三年时间打下来，建成了高速度、高水平的世界大油田！

这就是铁人和那一代人的心结和伟大！

所以进到铁人纪念馆，我们看那座书写石油魂的群雕——大家都是威风凛凛，整个都是从地层里走出来一样！

那是铁人群像，他们这些人，都是大写的人！

肖铜：铁人王进喜是一位英雄、一面旗帜、一座丰碑，他的精神、他的品格、他的境界，集中表现为以实际行动为党分忧、为国尽责、为民奉献的家国情怀，从他看似个人内心世界的"心结"中，恰恰凝结着浓浓的报国心和爱国情。

第一个心结：就是"贫油论"，心里这口闷气化作民族自尊

面对西方"中国贫油""陆相无油"的论调和新中国成立后石油短缺的"卡脖子"难题，铁人王进喜吼出石油工人忧心如焚却无比坚定的心声："外国人说我们是'贫油国家'，我就生气。我就不相信石油就光埋在他们地底下。我们国家这么大地方就没有油？外国人说我们'笨'，我就不相信天底下只有外国人聪明？站起来的中国工人阶级是最聪明的。光生气不行，还得干！""热爱党、热爱祖国、热爱社会主义，不能光举拳头热爱，要干事，要把井打出来，把油拿出来，才叫真正热爱。"

铁人王进喜正是憋着这样一口气参加大庆石油会战的，人拉肩扛安钻机体

现出一个"上"字。"像打仗一样，只能上，不能等！"没有吊装设备，用大绳拉、肩膀抬、撬杠撬、滚杠滚，奋战三天三夜，最终将 38.7 米高、60 多吨重的井架竖立在茫茫荒原之上。破冰端水保开钻体现出一个"抢"字。钻井需要水，而等水罐车需要 3 天，王进喜毅然提出用脸盆端水也要保开钻，带领工人们凿穿冰层，破冰取水，一盆盆、一桶桶、一担担运往千米之外的井场，一天一夜端了 50 多吨水，使 1205 队到大庆打的第一口井——萨 55 井顺利开钻，仅用 5 天零 4 个小时就打完油井，创造了当时钻井的最快纪录。奋不顾身压井喷体现出一个"拼"字。1960 年 5 月 8 日，1205 钻井队在第二口井——2589 井打到 700 米时突发强烈的井喷，面对井毁人亡的危险，王进喜指挥队员果断地用固井水泥代替压井的重晶石粉，并且不顾腿伤甩掉拐杖，纵身跳入冰冷刺骨的泥浆池，用血肉之躯搅拌灼人的水泥。王进喜制服井喷的奋力一跃，凝固成历史瞬间，定格成精神永恒。面对地下的"石油海"，而头上却是"贫油"的大帽子，王进喜恨不能一拳头砸出一口井来，早出油、多出油，为国家抱个大金娃娃！切实体现出一种敢于把落后帽子甩到太平洋里去的凌云壮志，一种不屈不挠自立自强屹立于世界民族之林的铮铮铁骨。

第二个心结就是"煤气包"，肩头这份压力化作精神动力

1959 年 9 月，王进喜被选为新中国成立 10 周年国庆观礼代表和全国工交群英会代表，在参观首都"十大建筑"路过沙滩街时，看到行驶的公共汽车背着煤气包，才知道首都北京党中央毛主席住的地方都缺油，作为钻井工人代表内心感到莫大耻辱，铁骨铮铮的西北汉子禁不住流下热泪。从此，这个煤气包沉甸甸地压在王进喜心头，成为他为国分忧、为民族争气的思想动力。他后来在报告中说："这个'大包袱'好像压在心头一样，把我压醒了，真真切切地感到国家的压力、民族的压力，它一下子都落到了自己肩上。""一般的压力还不够，我们要承担 100 吨的压力，这是我们石油工人阶级的责任"。1960 年底大

庆石油会战打响仅仅 9 个月时间，铁人带领的 1205 钻井队打井 19 口，总进尺 21258 米，占全油田的 7.5% 以上，还创造了月进 5466 米，日进 738.24 米，班进 432.98 米的当时最高纪录。老一辈创业者以敢于压倒一切困难而不被任何困难所压倒的顽强意志和必胜信念，仅用三年多时间就探明了面积超过 860 平方千米的特大油田，建成年产原油 600 万吨的生产能力，累计生产原油 1166.2 万吨，高速度、高水平、高质量地建成了世界级的大油田，生动表现出石油工人为国分忧、为民族争气的主人翁责任感，表现出工人阶级产业报国、劳动筑梦的强烈事业心。

第三个心结就是"半吨油"，怀揣这个愿望化作伟大梦想

石油会战拿下大油田后，铁人王进喜更放眼全球和未来，立志推升石油工业整体水平。1970 年 4 月在全国石油工作会议上，他豪情满怀地说，毛主席教导我们人总是要有点精神的。过去我们说"石油工人一声吼，地球也要抖三抖"。今天我们还应当大吼一声，实现全国每人每年半吨油。早在 1965 年 7 月就曾提出，说石油"基本自给"了，就是说还缺一点，还没有完全过关，我看我们国家每人每年搞上半吨石油，有可能！1966 年春，王进喜应邀访问阿尔巴尼亚，了解到我们援助的这个国家都实现了人均半吨油，更加坚定了石油工业走在世界前列的强烈愿望，甚至梦想"把井打到国外去"。

60 年前铁人王进喜就对钻井队青年说："我们中华民族几千年来都是先进的、伟大的。但近百年来，却受他国欺负。我们要好好搞建设，让国家富强起来，人民富裕起来，不受别国侵略，我们要在世界上响响亮亮地喊出'我们是中国人'！"2023 年 3 月 26 日，大庆油田累计生产原油突破 25 亿吨，占全国陆上原油总产量的 36%，相当于为全国 14 亿人口人均提供约 1.78 吨原油。从勇于甩掉"煤气包"，到敢于实现"半吨油"，正在书写勇闯海外市场的新篇章，强国复兴的伟大梦想必将如您所愿！

第三辑

百年·精神无疆

《石油工人硬骨头》

——第一支歌颂大庆石油工人的歌曲

8月初的一天,笔者在一次采访中了解到:大庆油田最早歌颂石油工人的歌曲《石油工人硬骨头》的词作者徐志良就住在让胡路区。随后笔者联系上徐老,采写下这首歌诞生的前后经过。

此次采访,引发笔者思索。瓦格纳说:一部音乐史就是一部社会发展史。大庆石油歌曲的历史身影,应该是解读大庆油田发展史的另一个视角。为此,《历史·精神》特别策划、专访徐志良与王永桦,理清"大庆石油歌曲的发展脉络"。

半个多世纪以来,大庆油田诞生至今,大庆石油歌曲像一条彩虹辉映在其发展史上,印迹着石油人的记忆,见证着大庆油田的不同成长阶段,是大庆精神铁人精神的特殊载体,具有历史文献价值,更具别样深情味道。

几年前盛夏的一个傍晚,夕阳温热。笔者来让胡路区徐志良老人住处,徐老正悠闲在室内读书。忆起当年往事——《石油人硬骨头》诞生的前前后后,徐老兴致盎然,记忆犹新。

徐老的这段亲历告诉人们:无论在怎样的时代里,人们对于精神世界的追求都是第一位的。半个多世纪前,因具备文艺创作特长,24岁的"小兵"徐志良被石油工业部钦点特调到大庆。

以下是徐老的回忆——

特调

我最早在新疆工作。当时新疆石油管理局成立了一个石油工人文工团,发现我会写歌词,就把我调到文工团去搞创作。那时,大庆石油会战轰轰烈烈地开始了，各地区石油文工团到大庆慰问，玉门的、青海的、四川的、新疆的……当时有7个文工团，都在大庆。

我是随着新疆文工团于1960年4月来大庆慰问演出的，待了半年，10月份回到新疆。刚回新疆，就接到调令，竟然是石油工业部特调我这个小兵到大庆，而且就调了我一个人。

当时我大闺女刚出生。从新疆到大庆，一路危险重重。我们从乌鲁木齐坐汽车到哈密，再从哈密坐火车到北京，从北京再转到哈尔滨，然后到大庆……这段路程中，在乌鲁木齐到哈密处有一个风口，风特大，孩子她妈怕把孩子冻着，就用棉被把孩子包起来，等汽车过了风口，孩子差点被憋死。

大庆条件艰苦，吃也吃不好。住在大车店，第二天早晨起来，满身都是虱子。条件太差了！因为我爱人是北京的，我就跟组织部提出把孩子落北京户口，没想到我一张口，组织上就给落实了。她们母女留在北京，随后我就到松辽石油会战区文工团任创作组组长，开始工作起来。

一天，张文彬（时任石油会战领导小组第一副组长）把我叫去，说："小鬼头，要我看望你呢？是我调你过来的哦，也不来找我报个到。"我这才知道，特调我来大庆是张文彬的意见。原因有两个：一是因为当时新疆文工团在大庆慰问演出拿了个第一名；二是，张文彬曾是新疆石油管理局的局长，对我有所了解，"我知道小徐，歌词写得好……"张文彬说。

《石油工人硬骨头》这首歌诞生的前奏就是这样，但这首歌的诞生缘于什么呢？

当时大会战要经常开大会，都在广场上开，开会之后，一定是要"拉歌"的。这边是采油的，那边是钻井的；这边是油建的，那边是安装的……很多单位聚在一起，都是年轻人，就像部队一样。

"拉歌"就是钻井的来一个！采油的来一个！油建的来一个！但是，唱来唱去都是《三大纪律八项注意》《我们走在大路上》等解放军的歌，就没有唱石油工人的歌。

张文彬又把我叫去了，说："小徐呀，咱们一开会就唱歌，唱的都是解放

军的歌曲，解放军的歌曲当然是好了，但不是我们石油人的歌。现在这个时期，工人们急需一曲激扬人心的调子来鼓舞士气。看人家解放军自己的歌唱得挺热闹，咱们总不能一开会就唱人家解放军的歌呀！咱们自己也得创作点属于大庆工人的歌曲，让大家都唱唱自己的歌。"

硬骨头

张文彬的话一字一句敲在我的心坎儿上，在我看来，这是一项任务，更多的是一种责任。

当时，我随新疆文工团来到大庆油田，曾到各个井队巡回演出。后来正式调入大庆油田，我更是经常到前线体验生活，亲身经历的所闻所感都深深烙印在脑海中……很长一段时间，我在酝酿，在心里形成无数个印象，但一直未完全定下来。

创作一首什么样的歌呢？

还是直觉最准确，我一直想用一个词表现石油工人的本质，可究竟用什么词合适呢？"石油工人英雄汉？"不行！"英雄"这个词太宽泛了，不具代表性，不是石油工人独有的特质。就这样，我想了很多词，反复自问自答。低着头，眯着眼，吃饭想，走路想，睡觉想……

一晃三个月过去了，当时正值寒冬，某一天深夜，我躺在棉帐篷里，会战以来的场景在脑海中一幕幕闪过……突然，我灵感迸发，毛主席说过鲁迅先生是中国人当中骨头最硬的。

当时大会战正赶上三年自然灾害时期，各方面都那样困难，这时候中国人能不能把腰板挺起来？是趴下去还是站起来？需要的就是这个硬骨头。

对！硬骨头！石油工人硬骨头！这就是石油工人的本质！我立刻从床上蹦了起来，伴着昏暗的油灯，提笔即写"石油工人硬骨头，哪里有困难往哪里走"。

在那么艰苦的岁月里处处充满着困难，但是石油工人毫不畏惧，迎着困难往前冲,这两句歌词不正体现了石油工人的这种风貌吗?头两句写出来了,下面变得无比顺畅,整首歌词马上就写完了,犹如一块心头大石落地,身心舒畅。

我自己也不禁默默点头:"硬骨头,真带劲!"

后记

采访时徐志良谈到,当时还没有"石油工人"的提法,但如果只说"采油工人硬骨头",就"抛弃"了钻井工人,反之亦然。最后,他灵机一动,想出了"石油工人"这个词。而闻名于石油战线的"硬骨头十三车队"队名的由来,也跟这首歌有关。

《石油工人硬骨头》自此载誉大庆油田史册,成为最早歌颂大庆石油工人的歌曲。歌曲表现了大庆石油工人"哪里有困难就往哪里走""披荆斩棘创大业"的宽广胸怀和"战天斗地显身手"的大无畏英雄气概,进而发出"为社会主义多加油"的心愿,深受会战职工喜爱,当时红遍油田,极大地鼓舞了斗志。歌词创作始于1961年,1963年元月在《战报》发表,并经中国音乐家协会向全国推荐,唱响全国。此曲先后刊登在《工人日报》《人民日报》《歌曲》《解放军歌曲》上,歌词还转载在《诗刊》《人民文学》上。

歌曲简介

《石油工人硬骨头》是最早歌颂大庆石油工人的歌曲,徐志良作词,赵正林作曲,歌曲表现了大庆石油工人"哪里有困难就往哪里走""披荆斩棘创大业"的宽广胸怀和"战天斗地显身手"的大无畏英雄气概,进而发出"为社会主义多加油"的心愿。旋律雄浑优美,节奏激越有力,创作于1961年,1963年元月发表于《战报》,并经中国音乐家协会向全国推荐,先后刊登于《工人日报》《人民日报》《歌曲》《解放军歌曲》,歌词还在《诗刊》《人民文学》上转载。

"石油工人硬骨头,哪里有困难往哪里走,发扬革命的光荣传统,永远前进决不退后,让大地千里石油奔流。石油工人硬骨头,铁打的肩膀钢铸的手,为了建设社会主义,把千斤重担挑在肩头,高举革命红旗向前走!"

——《石油工人硬骨头》

徐志良简介:78岁,教授级高级工程师。1958年毕业于北京石油学院钻采系采油专业,1960年4月随新疆文工团参加大庆石油会战,1961年3月正式调入大庆战区文工团,任创作组组长。之后,先后在《战报》、原大庆文化局、会战工委宣传部工作,1976年调入采油工艺研究所,历任综合室主任、副总工程师,1998年退休。

本文采访于2014年

专家考证"铁人"跳入泥浆池那一天

凝固成历史瞬间　定格成精神永恒

在中国的河北，有一座小城叫隆化。走进城中——"董存瑞炸碉堡的地点"立起的标志牌，复原了一代代中国人的记忆。

"铁人跳泥浆池"，也一样，全国人民都知道；也一样，传颂了半个多世纪；也一样，在中国人的精神领域永恒。

但因当时所有人都只顾着投身大会战，并未留下相关资料。直到1964年，《人民日报》刊发《大庆精神大庆人》。从此，这个经典故事为全国人甚至全世界人所知。

那纵身一跃制服井喷的英雄壮举，凝固成经典瞬间，定格成经典永恒。

但那一跃究竟是哪一天？那一瞬间究竟是什么时候？有待确认！本篇访问张彬及其他多位专家，对此给出答案。

半个多世纪过去了，那一跃全国人民依然记得

张彬，多年从事大庆精神铁人精神宣传研究，中国石油天然气集团有限公司"石油魂"大庆精神铁人精神宣讲活动首席宣讲员，曾参与编撰《中国石油企业文化辞典（大庆卷）》《大庆精神铁人精神干部读本》《大庆油田干部必读手册》《大庆精神铁人精神读本》等书籍。

源于多年对大庆精神铁人精神的研究，也源于一次出差偶遇，张彬开始追问并考证铁人那一跃的具体时间。

张彬讲："几年前，我去浙江一个县城出差，路过一个超市买水。结账时，

超市的老板——一位60多岁的老人,看到了我拎着的纸兜上印着王进喜头像。他脱口而出:'王进喜!铁人!你是从大庆来的吧?'我大感惊讶,没想到远在千里以外,一个偏远县城的超市老人,会知道铁人王进喜!

交谈中,我问他:'那您对铁人王进喜有哪些印象?'

超市老人说:'跳进池子里用身体搅拌泥浆啊,那张照片在报纸上刊登过,像我这么大的人都印象特别深'!"

那一天,张彬虽身在外地,思绪却飞回家乡。他说——我很感慨:"一座城与一个人的紧密相连,一个人与一座城的共荣共存,这在大庆和铁人身上有着如此鲜明的体现!就像著名作家何建明所说:大庆与铁人,在很多时间、很大程度上是同一名词。大庆因铁人而变得有血有肉,铁人因大庆而变得高贵而永恒!"

但是,留在全国人民心中铁人跳泥浆池的画面,是影像中的经典永恒。1965年,上海海燕电影制片厂按照周恩来总理的指示到大庆拍摄纪录片《大庆战歌》,需要补拍铁人跳泥浆池的画面。最终通过宋振明做铁人的工作,王进喜才同意补拍镜头,再现了经典画面。所以,大多数人并不清楚,铁人勇跳泥浆池制服井喷到底发生在哪一天!

回到大庆,张彬开始详细考证这一经典瞬间的历史原貌。

历史经典:那一天是1960年5月10日

疑问

张彬说:大家都知道,勇跳泥浆池的故事发生在会战伊始的1960年,是王进喜带领1205钻井队打第二口井时发生的。但是关于具体时间,各种资料和报道并不一致。查找百度百科是在1960年4月29日,北京卫视曾有报道说是在5月1日。

网上查找大部分文章,都没有给出明确的时间,只是这样记载:1205钻井队在打第二口井到700多米深时,突然发生了井喷。危急时刻,王进喜不顾腿伤跳进泥浆池,用身体搅拌泥浆压住井喷。

那么,这一天究竟是哪一天?

求证

张彬开始查证。

在《铁人传》后附的王进喜历年大事记中这样记载：5月，开始打2589井，700米发生井喷。这口井4天完钻，创造了日进尺535米的最高纪录。

翻看井史和相关书籍，又得出了如下线索：中7-11井（即2589井）井史：开钻日期1960年5月8日，完钻日期1960年5月12日。设计井深990米，实际井深1023.14米。

1960年5月28日《战报》文章《一个很好的指挥员——访"铁人"王进喜同志》：王"铁人"钻井队于5月13日又再创新纪录，第二天（即5月14日）下套管，并当天就要完成固井。

《铁人钻井队》：5月9日零点2589井开钻，并创造日进尺超600米的最高纪录。

再综合其他资料，可以捋出如下时间线：

4月29日4点，组织放井架时，王进喜被滚落的钻杆砸伤；

4月29日10点，王进喜带伤参加万人誓师大会；

5月1日至7日，井队搬迁到杨四屯，进行钻前准备；

5月9日零点，2589井开钻（井史记载5月8日开钻，应为5月8日晚）；

5月9日当天，由戴祝文和马万福班创出了中型钻机班进尺335米、日进尺600多米的新纪录；

5月12日，累计用时3天零12小时完钻；

5月14日，2589井完井。

因此，2589井钻至700米深时发生井喷的日期，应是5月10日！

那一跃：凝固成历史瞬间、定格成精神永恒

为什么要对一个日期这么较真？

张彬谈道：首先这口井创造了两个第一。这口井是大庆油田第一口按开发

方案设计投产的油井。这口井也是大庆油田第一口注水井,在当年10月18日转为注水试验井。中7-11井在注水工艺方面取得的重要资料,为以后油田注水提供了宝贵的经验。更重要的是,使铁人精神定格升华的,是这口井;让铁人事迹、铁人精神为全国人民所熟知称颂的,也源自这口井。

黑龙江大庆干部学院副院长暨中共大庆市委党校副校长肖铜在文章《大庆油田第一口注水井——中7-11井》中写道:这口井是生产试验区第一口完钻的生产井、第一口排液井、第一口试注井。

2589井可以说是铁人王进喜用生命打出来的,仅用4天时间就拿下,创造了日进535米当时全战区的最高纪录。在钻机轰鸣、井架林立的广袤荒原,充分显示出钢铁钻井队"一柱中流亦壮哉"的风采! 2589井打到700米时突发强烈的井喷,面对井毁人亡的危险,王进喜不顾腿伤甩掉拐杖,纵身跳入冰冷刺骨的泥浆池,用血肉之躯搅拌灼人的固井水泥。

2589井见证了铁人制服井喷"凝固成历史瞬间、定格成精神永恒"的奋力一跃,促成了1960年6月1日首列原油外运,堪称"功威震八荒"!

郭岗彦:跃下泥浆池那一瞬间应该是早晨6点到7点之间

就在张彬考证的同时,西安石油大学铁人精神研究中心首席专家、主任,陕西省科技史学会副理事长郭岗彦教授,也在做着同样的考证。

郭岗彦教授长期潜心于大庆精神铁人精神研究,他不久前出版的《大庆精神铁人精神概论》(与党绥梅合著),是在对大量原始资料进行整理、分析和研究基础上写成,全面系统阐述了大庆精神铁人精神形成的历史过程。

采访中,郭岗彦教授谈到,他曾参阅了大量老会战的回忆和纪念文章,综合《铁人传》《铁人钻井队》及戴祝文的《铁人之路》等资料信息,经考证认为——井喷发生时间应在早上6点左右,铁人跳下泥浆池经典瞬间的具体时间:发生在5月10日早上6到7点的可能性更大一些!

在诗人的笔下,英雄的这一跃被这样描绘:
你摔掉夸父传给你的
那根桃枝,
跳进泥浆池。
用黑色的身躯,
奋力搅拌。
共和国天幕上的云朵间,
映出了龙的巨影。

那年春节让人振奋的"满江红"

《人民日报》正月初一刊发了一阕词,专家为您详细解读

大年初一,《人民日报》刊登《满江红·颂石油自给》

满江红·颂石油自给

郭沫若

一滴煤油,一珠血,人都知道。

旧时代,因循苟且,叩头乞讨。

命运全凭天摆布,咽喉一任人掐倒。

玉门关,锁匙也因人,堪愤恼!

破迷信,碎镣铐!主奖励,抓领导。

仅三年,地底潜龙飞跃。

众志成城四第一,铁人如海全五好。

颂今朝,解放地球军,强哉矫!

在大庆油田历史陈列馆一栋展厅展线上,陈列着一阕词——《满江红·颂石油自给》。这阕词,刊发在 1964 年 2 月 13 日,《人民日报》第四版"迎春诗画"中。

1964 年的 2 月 13 日,是农历甲辰年正月初一。

当时的中国,国民经济出现可喜的重大转折——1962 年财政盈余 8.3 亿元,结束了此前连续 4 年赤字。到 1963 年底,国民经济全面好转。我们的国家,终于从三年困难时期的阴霾中走出来了。

这其中，就有来自大庆油田的贡献。

1963年12月初，周恩来总理在全国人大二届四次会议上庄严宣告："我国需要的石油，现在可以基本自给了。"

大庆油田生产的原油，起到了决定性的作用。

2月13日大年初一这一天，毛泽东主席在这一天的春节座谈会上发表了重要讲话，发出了"学习石油部大庆油田的经验"的号召。1964年4月20日，《人民日报》头版头条发表新华社记者袁木、范荣康采写的第一篇公开向全国报道大庆石油会战的长篇通讯《大庆精神大庆人》。

2月13日大年初一这一天，《人民日报》四版刊登了郭沫若写的四首诗词，其中一首就是《满江红·颂石油自给》。

这首词，是为大庆油田而作。

本篇访自大庆精神铁人精神研究者张彬。

——张彬从这阕词的视角，回顾我国石油工业走过的艰辛历程，解读第一篇长篇通讯《大庆精神大庆人》公开刊发前的重要历史事件！从中，在一个个历史节点与一个个历史事件中，让我们深深铭记，深深敬仰那些为中国石油事业作出卓越贡献的人们，懂得与理解铁人精神的深刻内涵及意义。

"一滴煤油，一珠血，人都知道"

盛世之金银不如乱世之米粮，民国时的汽油，最能证明这一点。

民国时的汽油究竟有多金贵？

1925年10月，北京大学有个教授买了两桶洋油回家。洋油，就是那时点灯用的煤油，每桶洋油的价格是8个大洋，而当时的汽油价格还要比洋油贵3成，可当时在这位教授家做工的两个保姆，每个月的工资才5个大洋。这就意味着，对于普通人来说，就是将近两个月的工资才能买上1小桶汽油。

国家羸弱，没有石油，只能从国外进口。洋油的一个"洋"字，让我们品出了多少酸楚的滋味。真是"一滴煤油，一珠血"！

"命运全凭天摆布，咽喉一任人掐倒"

20世纪50年代的新中国百废待兴，全国上下努力改变着旧社会遗留的贫穷落后和满目疮痍。

1957年底，第一个"五年计划"胜利完成。然而，石油却是一个无法让人宽心的话题。

第一个五年计划期间，石油工业部是唯一一个没有完成产量计划的工业部门。当时天然石油的产量只有200多万吨，还不到全国需求量的一半。甘肃的玉门、陕西的延长、新疆的独山子几个小油田，都在西北一隅，对于祖国东南部建设来说，远水难解近渴。

举个例子：从新疆独山子炼油厂运出一车成品油，单程要在茫茫戈壁滩上行驶2000多公里，往返一次最快也要13天，自身损耗就达到了三分之一。

而到了"二五"期间，国家预测的石油需求量每年超过500万吨，西北的几个油田供给能力只能达到40%。为了保证石油需求，国家不得不拿出宝贵的储备资金从海外购买石油。仅1957年，进口石油就花掉了1.34亿美元，占国家进口用汇总额的70%！

无怪西方的某些预言家曾经对新中国的红色政权做出过这样的估计：由于缺乏石油，红色中国没有足够的燃料进行一场防御性的现代战争，甚至连几个星期也不行。这绝不是危言耸听，对当时的中国而言，石油，已经成了关乎国家生死攸关的命脉。

"仅三年，地底潜龙飞跃"

1958年2月，根据邓小平提出的石油勘探战略东移的战略方针，我国石油勘探从此开始了由西向东的战略性大转移。石油勘探战略东移，为在我国东部寻找油田创造了历史性的契机。

1959年9月26日，位于黑龙江省肇州县大同镇附近的松基三井，探出了具有工业价值的油流，这标志着大庆油田的诞生。从此，掀开了我国石油工业历史崭新的一页。

1960年2月13日，石油工业部党组给中央正式递交了《关于东北松辽地区石油勘探情况和今后工作部署问题的报告》，仅用了7天，2月20日中央就作了批复，同意组织会战。

至此，在中国共产党的领导下，共和国在进行艰苦卓绝的社会主义建设运动中，一个没有硝烟炮火的重大战役打响了。

大庆油田从松基三井出油，到1963年底，已建成原油生产能力500万吨/年规模，累计生产原油1500万吨。累计财政上缴11.6亿元，为国家投资的149%，不仅全部收回投资，还为国家积累了3.5亿元的资金，真正做到了又多、又快、又好、又省！

"众志成城四第一，铁人如海全五好"

"四第一"是1960年中央军委提出的"政治工作领域中四个关系问题"的简称。

1964年2月1日《人民日报》发表社论《全国都要学习解放军》，就提到了"四个第一"的原则。社论指出，"四个第一"的原则，对全国各项工作来说，都具有普遍意义，都值得全国学习。

而在大庆石油会战中，石油工人所体现的"有条件要上，没有条件创造条件也要上"的人定胜天的英雄气概，"支部建在连上""宁可少建几个钻井队，也要把党支部书记配齐"的加强党建的做法，"抓生产从思想入手，抓思想从生产出发"的政治思想工作方法论，以及活学活用毛泽东著作，"两论"起家夺取会战胜利，无一不是"四个第一"的生动体现。

铁人王进喜，是大会战选树的第一个典型，而"铁人"这个名号，是党和人民对王进喜同志的最高褒奖，被誉为中华民族的英雄。

从会战初期选树的一面红旗，红一点；到五面红旗，红一面；再到油田各

条战线涌现出的百面红旗,红一片,红遍松辽大油田。

正因为有千千万万像铁人王进喜这样的石油将士,他们有为国分忧、为民族争气、为油田负责一辈子的壮志豪情,才顺利实现高速度、高水平开发大油田,取得了大庆石油会战胜利。

从那个时候起,油田特别注重高质量开发,而"五好"就是大庆油田对基层单位、工人、设备、油井提出的高标准。关于"五好"的条件和标准,《战报》中曾有详细阐述。

集体有"五好"责任,个人有"五好"目标,设备有"五好"标准,油井有"五好"条件……一时间,人人出手过得硬,事事做到规格化,项项工程质量全优,台台在用设备完好,处处注意勤俭节约,成为石油人高质量完成生产任务的基本素质要求。

高速度、高质量发展,是从会战一开始就打下了高标准的奋斗基因。时至今日,依然是我们石油人信奉的工作准则。

读罢这首《满江红·颂石油自给》,我们再回想 1964 年 2 月 13 日,泛着油墨香味的《人民日报》发到全国各地,飞到大街小巷,走进千家万户,张贴在阅报栏中。在那举国欢庆的新春第一天,大家阅读着,欢笑着,欣喜着,讨论着,无不为伟大祖国的日益富强而由衷骄傲自豪。

这真是一曲让全国人民振奋的"满江红"!

"石油找到了灵魂"

——《大庆精神（铁人精神）镌刻在历史丰碑上的辉煌》主编访谈录

这本书在撰写上秉持一个基本观点，或者说学术立场——对大庆精神（铁人精神）的解读，本质上是对大庆石油会战的解读

对大庆精神（铁人精神）解读的前提，一定要清楚大庆精神（铁人精神）产生的根源。

整本书的撰写，坚持了一个学术立场：解读大庆精神（铁人精神），就是解读大庆石油会战。

从历史的深处、实践的深处、思想的深处走出来的大庆精神（铁人精神），历久弥新，辉映史今。

盛夏大庆，阳光热烈，荷叶田田，万木葱茏。在市委党校一间会议室，笔者手捧《大庆精神（铁人精神）镌刻在历史丰碑上的辉煌》，与本书主编肖铜、马英林开启了本篇对话。

大庆精神（铁人精神）就在这些细节里存活着

问：建党百年之际，在党的精神谱系集中总结和宣传的大背景下，《大庆精神（铁人精神）镌刻在历史丰碑上的辉煌》最终经中宣部出版局批准，由中共中央党校出版集团国家行政学院出版社出版。肖老师，您作为本书的主编，一定切身感受到了沉甸甸的责任与压力，请您谈谈编撰这本书的重要意义及出版情况。

肖铜：这是一部庆祝建党百年、迎接党的二十大召开的献礼之作，也是传承红色基因、弘扬大庆精神（铁人精神）的培训教材，本书的出版标志着一项光荣而艰巨任务的完成。

建党百年之际，中央党史和文献研究院研究梳理了共产党人在不同时期、地区和领域形成的革命精神；建国72周年之际，中央批准了中宣部梳理的第一批纳入共产党人精神谱系的伟大精神，大庆精神（铁人精神）均位列其中，堪称党的精神谱系灿烂星空中璀璨的明星。

本书的出版是在大庆市委组织部的直接领导、鼎力支持和充分保障下编写出版的。市委党校集中全校大庆精神（铁人精神）研究方面优质师资资源，由13人组成写作团队，还聘请了孙宝范、宫柯、刘金友、宋玉玲、李万鹰、张文彬等大庆精神（铁人精神）研究方面的资深专家担任顾问。从提纲、框架到修改、校对，全体撰稿人确实是以大庆精神编写大庆精神。初稿形成后，根据出版社意见，又多次反复修改通校，最终经中宣部出版局批准，由中共中央党校出版集团国家行政学院出版社出版，并由承印党和国家文献资料的北京盛通印刷股份有限公司印刷。

这部作品，是大庆精神（铁人精神）学术研究新的成果，是党员干部常态化党史学习教育的鲜活教材，对于学习好、宣传好、弘扬好大庆精神（铁人精神），对于在全国争取大庆精神（铁人精神）学术研究的主动话语权，对于大庆良好的精神生态建设，对于广大党员干部自觉接受红色精神洗礼，对于为大庆"三个城市"建设提供精神动力都会产生积极影响。

问：实际上，大庆精神（铁人精神）的重要内涵都是从石油大会战中抽象出来的。读后可知，整本书，都坚持了这样一个学术立场！这是第一本按照大庆精神（铁人精神）产生的历史逻辑、实践逻辑、理论逻辑的构架，对大庆精神（铁人精神）进行解读的理论著作！方才，肖老师介绍了本书的出版及意义，请马老师谈谈这本书的逻辑构架和基本内容。

马英林：这本书紧扣大庆石油会战这条主线，立足新时代对大庆精神（铁人精神）的解读，从满足精神文化需求、凝聚转型振兴动力出发，着眼大庆精神（铁人精神）诞生的历史逻辑、形成的实践逻辑和认识的理论逻辑三个视角，对大庆精神（铁人精神）内涵实质进行了全面系统的解读。可以说，大庆精神（铁人精神）学习有了一本新鲜的教材。

全书20.3万字，分上、中、下三篇，共11章，有一个清晰的逻辑构架。

上篇的三章是大庆精神（铁人精神）诞生的历史逻辑篇，集中讨论和说明了大庆精神（铁人精神）产生的时代背景、物质前提和逻辑起点。

中篇是大庆精神（铁人精神）形成的实践逻辑篇，细致说明了大庆精神（铁人精神）产生的石油大会战的实践基础、思想路线的确立、旗帜人物的引领、优良作风的形成、大庆传统的丰富内容。

下篇是大庆精神（铁人精神）认识的理论逻辑篇，是全书中最有思想高度和学术创新的一篇，是很难写好，却又必须写好的一篇。这一篇集中讨论了大庆精神（铁人精神）的社会影响、人们对"大庆精神（铁人精神）"这个红色文化概念抽象概括的历史过程、是大庆精神（铁人精神）解读的思想制高点。

全书坚持了历史唯物主义的学术立场，坚持了用学术讲精神。大庆精神（铁人精神）是大庆石油会战的精神。大庆精神（铁人精神）艰苦奋斗的政治本色、大庆精神（铁人精神）哲学大众化的思想品格、大庆精神（铁人精神）的崇高历史地位，都是在大庆石油会战中形成的。

问：细节是历史的真实，细节是历史留给我们能打动人的那些地方，大庆精神就在这些细节里存活着。

这本书兼思想性、学术性、可读性高度融合，尤其是其细节，看似是语言的轻盈、灵动、鲜活，实则更是细节的真实力量。这些细节在各章节的题目中就可看出——像第二章的题目"松辽盆地里发现一个大脚印"，第五章的题目"红点点、黄点点、蓝点点"，还有第四章节的"余秋里：川中是教师爷，使我们学乖了"……肖铜老师，请您谈谈这部作品同以前出版的，有哪些不同？

肖铜：这本书跳出以往精神宣传类书籍——形成背景、内涵解读、时代价值的通行体例，将"镜头"拉深拉长，回归到共和国"缺油"那段艰辛探索的历程中，还原到那场规模巨大波澜壮阔的石油大会战中，遵循见事、见人、见

物、见精神的逻辑，追求大视角系统性全景式，使精神不再概念化、史料不再碎片化、人物不再标签化，让人们清晰了解大庆精神（铁人精神）的"前世今生"，了解这一伟大精神产生的历史必然性和时代挺立性，也有利于我们更深地理解"爱国、创业、求实、奉献"精神的内在联系，更深地理解"大庆是党的大庆，是全国人民的大庆"，更深地理解大庆精神（铁人精神）是当之无愧的党的精神、民族之魂、国之瑰宝。

通过前面的讨论，我们可以看到这本书与以往出版的著作相比，有这样"五新"值得我们注意：逻辑架构新、逻辑主线新、语言风格新、内容编排新、学术方法新。

在这里主要解读一下逻辑架构新——

按照大庆精神（铁人精神）产生的历史逻辑、实践逻辑、理论逻辑的架构来写，这是第一本。

讲大庆精神（铁人精神）的历史逻辑，就是要讲清楚大庆精神（铁人精神）是中华民族伟大复兴史上的必然产物；

讲大庆精神（铁人精神）的实践逻辑，就是要讲清楚大庆精神（铁人精神）是大庆石油会战的必然产物；

讲大庆精神（铁人精神）的理论逻辑，就是讲清楚大庆精神（铁人精神）作为一个红色文化符号是人们长期认识的必然产物。

再谈谈逻辑主线新："大庆精神（铁人精神）"是社会主义文化自觉和文化自信十分有分量的文化符号，其产生标志着社会主义建设的文化自觉和文化自信达到新的历史高度——"文化自信"是全书一以贯之的一条主线。

写清楚了"大庆精神（铁人精神）"的前世和今生

问：谈到细节，在这本书里，我注意到其中一个细节，即大庆油田发现的起点的前移！马老师，请您详细介绍一下。

马英林：以往我们讲大庆油田的发现，习惯把松基三井作为起点。实际上

"南17孔"井，是大庆油田发现的真正起点。

以松基命名的3口井的布点都是以"南17孔"井地质资料为依据的。"南17孔"井发现的时间是1958年4月17日。松基三井出油是1959年9月26日。没有1958年的4月17日，就没有1959年的9月26日，人们一定要同时记住这两个日子。

问：马老师，曾在一次采访中，您说：当我们走出铁人王进喜纪念馆，没有认识到"人民创造了历史，劳动者光荣，劳动者伟大"，那么就是没有读懂。

铁人王进喜纪念馆是一本打开的历史唯物主义教科书，正如肖老师在以上谈到本书的逻辑主线时所说的："大庆精神（铁人精神）是社会主义文化自觉和文化自信十分有分量的文化符号！"大庆精神（铁人精神），实际上也包含着社会主义建设的基本规律的探索，蕴含着社会主义建设的精神密码与精神坐标。

这本书感人的地方或者说能够吸引人的地方，正在于这些思想及认识，请您解读。

马英林：我们读这本书，一定要注意这样的细节。除了以上谈到的，譬如以下内容——

第一个，讲大庆精神一定要清楚"灵魂式人物"余秋里的历史作用。余秋里是大庆石油会战的发起人和组织者，也是大庆精神的实践者和培育者。他值得人称道的哲学素养，是他能够为大庆精神（铁人精神）培育作出贡献的重要条件，大庆精神里留着深深的"余秋里印记"。

第二个，讲大庆精神（铁人精神）一定要讲清楚"旗帜式人物"铁人王进喜的历史作用。大庆石油会战的五面红旗之一的马德仁说，没有铁人，会战就打不了这么快，余秋里说铁人代表大会战的方向。铁人精神是大庆精神的人格化浓缩和典型化表现。

第三个，讲大庆精神（铁人精神）一定要讲清楚党的实事求是思想路线的统领作用。我们在"红点点、黄点点、蓝点点"这一章里专门讲了大庆精神（铁人精神）的灵魂就是"实事求是"。

第四个，讲大庆精神（铁人精神）一定要讲清楚大庆作风形成的过程和丰

富内涵。"三老四严""四个一样"的大庆作风是大庆精神（铁人精神）的核心内容。

第五个，讲大庆精神（铁人精神）一定要讲清楚大庆传统形成的过程和丰富内涵。"六个传家宝"是永远活着的大庆精神。

第六个，讲大庆精神（铁人精神）一定要讲清楚大庆精神（铁人精神）作为一个红色文化符号的演变史。关于这一点，专门用一章的篇幅来写，讲清楚了"大庆精神（铁人精神）"的前世和今生。

大庆精神（铁人精神）的三种生命形态：大庆作风、大庆传统、大庆话语

问：本书中，有47条"大庆话语"，且在编排上采取的是边插嵌入式，既提醒了读者注意，更使内容丰满活泼。值得关注的是，"大庆话语"早已形成话语体系，并在社会产生影响。请马老师谈谈"大庆话语"，在这部作品中特别出现的意义。

马英林：大庆精神（铁人精神）的三种生命形态，是大庆作风、大庆传统、大庆话语。

大庆话语，是大庆作风、大庆传统口号式的一种表达。了解大庆精神、大庆传统、大庆作风，首先接触的是大庆话语。大庆话语是精神的、内涵的、通俗性的，在石油会战年代形成的口口相传的口号式语录式的一些东西。像我们研究铁人精神，常常是以研究铁人诗歌和一些铁人留下的语言，那是铁人精神最原生态的东西，也是最有生命的，也是代表铁人精神口号式、语录式的一种表达。

大庆话语现在已经成了话语体系，在社会上产生影响。我们在这本书里首先提出"大庆话语"这个概念，并在边插部分列了47条。这47条构成了大庆话语体系。当然这样的研究还是粗浅的，我们应该继续深入研究。但讲大庆精神（铁人精神）要讲清楚大庆话语体系。

通过这些大庆话语，我们就会注意到大庆精神（铁人精神）的丰富内涵是由"两个人物""一条路线""三大板块"构成的。两个人物就是灵魂式人物——余秋里、旗帜式人物——铁人王进喜；一条路线就是实事求是；三大板块就是大庆作风、大庆传统、大庆话语体系。

结束语

石油找到了灵魂！

这句话出自何建明的作品《部长与国家》。何建明把大庆石油勘探会议中的第一次技术座谈会，称为引领新中国石油开发正确方向的"石油遵义会议"。

石油找到的灵魂是什么？就是实事求是。坚持实事求是的思想路线是搞好石油工业的根本。

大庆石油会战的胜利，就是党的领导的优势的胜利，也是更好地坚持了实事求是思想路线和群众路线的胜利。

全书有一条一以贯之的主线——在开篇页就把习近平总书记关于大庆贡献和大庆精神历史定位的话语突出呈现出来——"大庆的成长与辉煌，见证了中华人民共和国的成长与辉煌；大庆的探索与成功，体现了党领导人民进行社会主义建设、进行改革开放的探索和成功。"把大庆的成长和辉煌与共和国的成长和辉煌联系起来，把大庆的探索和成功与党领导的建设和改革的成功联系起来，"一个见证"和"一个体现"，为我们解读大庆精神（铁人精神）指明了思想制高点。

肖铜

黑龙江大庆干部学院副院长暨市委党校副校长，中国法学会会员、中国近现代史史料学学会会员、省领导科学学会副会长、省行政管理学学会副会长、省党建研究会特邀研究员、省社会主义学院首席研究员、东北石油大学硕士生

导师、黑龙江农垦职业学院特聘教授，市委理论宣讲团成员、市写作协会常务理事、全民阅读活动主讲师、全市首批重点智库建设专家。

马英林

中共大庆市委党校大庆精神铁人精神研究所名誉所长、首席专家、特聘教授。大庆精神铁人精神研究会理事。大庆市全民阅读首批主讲师。

"铁人"四部专著新版　溯源石油精神根脉

重修《铁人传》(第三版),首编出版《铁人文稿》《铁人年谱》《铁人的志气骨气底气》

在 2023 年 10 月 9 日召开的中国工会十八大现场,黑龙江代表团驻地的中国工人出版社图书展格外引人注目。纪念铁人诞辰百年四部专著——《铁人年谱》《铁人文稿》《铁人的志气骨气底气》《铁人传》,在众多展出的书籍中成为亮点。

访谈中了解到,四部专著出品自铁人学院。铁人诞辰百年之际,铁人学院组成专家编写团队,在深入研究、广查历史档案资料、认真考证史实的基础上,汇多方力量,重新修订《铁人传》(第三版),首次新编出版《铁人文稿》《铁人年谱》《铁人的志气骨气底气》,从不同角度对铁人生平事迹、品格风范、文采情怀进行全面展示,是铁人精神最新研究成果的一次集中呈现,更是对石油精神根脉的溯源与诠释。

本篇内容,访自铁人学院四部著作编写专班及黑龙江大庆干部学院(大庆市委党校)大庆精神铁人精神研究所特聘专家,铁人学院特聘教授李世宏。

第三次再版:孙宝范与卢泽洲再忆《铁人传》

夏日葱茏,天青地绿。

2023 年盛夏时节,铁人一口井景区内,来往的人们忽然发现两位熟悉又亲切的身影——他们是《铁人传》作者孙宝范、卢泽洲,两位老作家同时出现,与重修《铁人传》(第三版)有关。

"全书数十万字，孙宝范老师以八十多岁高龄，一字一字审看！"访问时，铁人学院编写专班相关负责人，特别谈到了这个细节。

任山河岁月长，这深情日渐笃厚！

《铁人传》初版于2000年，2009年再版，如今又在铁人诞辰百年之际第三版。两位执笔作者孙宝范、卢泽洲都是大庆石油的老会战，是铁人老队长的好战友，对大庆、对铁人，他们仰之弥高、钻之弥坚，情义绵长。正因此，《铁人传》代代相传。

"去年就成立了出版专班，既有大庆精神铁人精神研究专家，又有铁人学院大庆精神铁人精神研习社《铁人传》校对专班的20多名学生，对刊发在全国主流媒体的论述及以前的著作，进行了近百万字的搜索校对！"

孙宝范和卢泽洲两位八十多岁的原作者，共忆当年细节，又跟各自的老伴商量（当年都是支持他们写作的"秘书"），对某些段落也有细节上的增删或修改。

据了解，铁人学院从成立之日起，就把《铁人传》作为教育培训的重要读本。今年再版重印，并作为学院的基本教材，将铁人精神永久传承。

读《铁人文稿》：如闻战斗号角，如与挚友谈心

《铁人文稿》共分4辑，编辑收录了铁人一生的文稿。铁人没上过学，27岁参加扫盲班才开始学习写字，参加工作后，在学以致用的过程中，形成了近百篇有思想、有信念、有智慧、有劲道、有温度的优秀文稿，包括报刊文章、讲话发言与诗话格言。

李世宏在接受专访时，对《铁人文稿》给予了细致深刻的解读——

《铁人文稿》第1辑是《文章摘选》，有刊登在《石油工人报》的《多打井，多产油，多为国家做贡献》……有发表在大庆《战报》的《标杆林中夺冠军》等10篇文章；有发表在《工人日报》的《为石油事业奋斗一辈子》等3篇文章……铁人写的文章接地气，情理交融，真切感人，极富感染力，读起来酣

畅淋漓。

第2辑是《讲话报告》共计12篇，包括在大庆探区经验交流会上的讲话《有也上，没有也上》……在阿尔巴尼亚访问时的发言《我们是怎样提高钻井速度和质量的》等。这些讲话，尽显铁人志气、骨气、底气的铮铮铁骨，万丈豪情。

第3辑是《访谈实录》。1964年1月24日至2月4日，《人民日报》记者田流采访王进喜。其间，谈话5次，召开座谈会2次，与有关人员谈话2次。这些谈话记录，当年由铁人王进喜秘书孙宝范于1964年11月至12月整理完成。

第4辑是《经典诗话》。一部分是铁人说过的话，另一部分是铁人的诗。铁人的话充满激情，像豪迈诗篇，是战斗誓言；铁人的格言字字有力量，句句重千斤。我很喜欢这部分内容，读起来令人鼓舞、发人深思、长人志气。读《铁人文稿》，如闻战斗号角，如忆峥嵘岁月，如与挚友谈心。

《铁人的志气骨气底气》：为民族立魂

《铁人的志气骨气底气》全书分上、中、下3篇，上篇为《中国工人阶级就是要有志气》，中篇为《中国工人阶级要有硬骨头劲》，下篇为《有党的领导什么奇迹都能创造出来》。

李世宏解读：经过几天研读，我感知在铁人的生命中，始终如一地充盈着中华民族的志气、骨气、底气。铁人常说："人活一口气"。铁人的志气、骨气、底气，都由"一口气"升华转变而来。他听到外国人说我国贫油就"生气"，想起北京公共汽车背的煤气包就"憋气"，看见西方卖给我们劣质油就"来气"。正如铁人所说："1960年3月来大庆，我们是带着一股气来的，是带着甩掉石油落后帽子、为祖国争气的雄心壮志来的"。

铁人的志气，源于童年的苦难和在旧玉门油矿所受的欺凌，因而练就铁人贫贱不移、威武不屈的刚毅性格；铁人的志气，长于当家做主后的报恩思想和火热生产实践中，为报答党恩，铁人立下雄心壮志，做个"勤快的钻工"，率先

发出："主人不干长工活儿"的心声；铁人的志气，体现在他为国分忧、为民族争气的家国情怀。在玉门时，铁人就立志为国家多打井、多出油，改造"豆腐队""争上白杨河"，创出月进尺5009.3米的全国最高纪录。来大庆参加石油会战，发出"宁肯少活20年，拼命也要拿下大油田"的钢铁誓言，带动4万会战将士披荆斩棘，把中国贫油落后帽子甩进太平洋。

铁人的骨气，源于外国专家的"中国贫油论"；铁人的骨气，体现在我国经济建设急需原油时，铁人对职工们说："国际反华势力妄图卡我们的脖子。我们中国工人阶级就是要有志气，要给我们党争光，给中国人民争气"。民族危难时刻，铁人挺起了中国人刚毅不屈的铁脊梁。

铁人的底气，源于他不忘初心、牢记使命的坚定信念。铁人一生听党话、跟党走，从"甩掉贫油落后帽子"到"快快发展我国石油工业"，从"当了干部还是钻工"到"老老实实为党和人民当一辈子老黄牛"，从"多打井、多出油"到"省省有油田、管线连成网"，铁人始终初心不改、使命不忘、本色不褪。

沧海横流，方显英雄本色。铁人的志气、骨气、底气，为中华民族立魂。

铁人年谱：以时间为轴，纵贯铁人一生

《铁人年谱》分上下两卷，上卷是《铁人年谱》，下卷为《丰碑永存》。这是第一次为铁人王进喜编纂年谱，是一次全新的尝试与探索。

铁人学院编写团队介绍：《铁人年谱》以时间为轴线，纵贯铁人光辉的一生；以思想为脉络，体现铁人精神的形成与发展全过程。把中国共产党史、中国石油工业史以及一些大事件，与铁人每年的工作和生活史实事件置于同年份中，分层次清晰展现，努力把铁人的生平业绩精确化、时间化、层次化，突出年谱资料性，也兼顾学术性与传记性，通过逐年梳理铁人的生平，展现他从玉门到大庆20年的成长历程。并且在编纂过程中，把得到的各种信息甚至是与以往不同的信息，在年谱中都给予客观呈现。

《丰碑永存》部分选取了不同历史时期宣传歌颂铁人的6篇经典文章，作

者分别代表着不同群体，有时任石油工业部部长余秋里，有工人日报记者李冀、张杰、杜铁，有新华社社长穆青、记者高洁，有新闻记者雷加，有当代诗人、散文家魏钢焰，有著名作家贺抒玉。通过他们手中的那支笔，我们看到了真实的铁人、英雄的铁人、可亲可敬的铁人。

四部著作，是铁人通过实践形成的精神财富，是对大庆精神铁人精神的深刻诠释，是铁人为我们留下的弥足珍贵的红色资源。

铁骨诗情——从铁人诗歌看铁人精神

铁人是在大地上写诗的人,铁人是用他的生命在歌吟

文化源于劳动,普通劳动者的创造构成了文明之基、文化之重。

马克思主义文艺观认为:文学艺术起源于生产劳动。劳动是艺术发生的前提。

关于此,鲁迅先生在《鲁迅文集·杂文集·且介亭杂文·门外文谈》中说:我们的祖先的原始人,原是连话也不会说的……假如那时大家抬木头,都觉得吃力了,却想不到发表,其中有一个叫道"杭育杭育",那么,这就是创作……

这里的"杭育杭育",既是劳动呼声,又是劳动诗歌。

肖铜说:"铁人的诗,就是有感而发的劳动号子,是创业情怀的自然流露,是革命激情的喷涌而出,有着'爱国、创业、求实、奉献'的丰富内涵!"

约30年前,肖铜初来大庆,了解铁人最初最直接的感受,就来自于铁人诗歌!最早研究铁人精神,也是从铁人诗歌开始。

三年前,也是这样的暮秋时节,记者专访《铁人诗话》主编、大庆铁人王进喜纪念馆原副馆长许俊德,他说:"也许有人会产生疑问:铁人没有上过学,文化水平不高,铁人真的是诗人吗?答案是肯定的:铁人是诗人,是当之无愧的人民诗人,而且铁人诗歌奠定了王进喜在中国石油诗歌史上第一位'工人诗人'的地位!"

本篇特别专访肖铜,听肖铜在解读"从铁人诗歌看铁人精神"过程中,同时为我们详解铁人经典诗歌诞生的背景与时间——

铁人王进喜的诗　彰显出石油工人对革命事业的强烈责任心和真挚的爱国情怀

1964年，美国记者埃德加·斯诺访问中国，斯诺问毛泽东："对当前反华大合唱，你有什么要告诉世界的？"毛泽东引用了王进喜的两句诗进行回答："我国东北新开发个大油田，有一个钻井工人说'石油工人一声吼，地球也要抖三抖'。我们一发言，世界就有人受不了。"

铁人的诗表达了中国人民不畏艰难、藐视困难的斗志，给毛泽东主席留下了深刻印象。

1992年2月，著名漫画家华君武来大庆到铁人王进喜纪念馆参观，被铁人那些豪迈的诗歌以及豪言壮语所震撼，他挥毫写下"人民诗人王进喜"七个大字。

问："人民诗人王进喜"的内涵应如何解读？

肖铜：铁人的诗有一条不变的主线，就是把石油事业和国家的社会主义建设联系起来，把自己的工作和国家兴盛联系起来。

1959年，王进喜在北京看到公共汽车因为缺油背着大煤气包，觉得这个"大包袱"就像压在自己身上一样，憋得几天睡不好觉。

他后来说："煤气包把我压醒了，真真切切地感到国家的压力、民族的压力，呼地一下子都落到了自己肩上。""一个人没有血液，心脏就停止跳动。工业没有石油，天上飞的，地上跑的，海上行的，都要瘫痪。没有石油，国家有压力，我们要自觉地替国家承担这个压力！"铁人以诗一样的话语，表达出一位普通石油工人的主人翁责任感，一种"天下兴亡，匹夫有责"的强烈事业心。

石油会战初期，面对极端困难和恶劣的环境，会战领导小组做出了学习毛主席《实践论》和《矛盾论》的决定，王进喜组织1205队职工认真学习"两论"，并深刻认识到："这困难/那困难/国家缺油是最大的困难//这矛盾/那矛盾/国家建设等油用是最主要矛盾。""上/我们多吃些苦//不上/国家就更困难！"不难看出，铁人时刻以国家事业为重，体现了"石油工人斗志高/迎着困

难向前跑"一往无前的精神风貌,兼有"多快好省建石油/甩掉石油落后帽"的信心和决心。请看1961年2月23日《战报》上王进喜的署名诗歌:"大地回春练兵忙/磨好刀枪整好装/只待战令一声下/跃马扬鞭上战场//庄稼喜雨花朝阳/会战全靠共产党/中华民族站起来/世界冠军要咱当。"自信心、自豪感、爱国情跃然纸上。

问:作家毕淑敏在文章《珍惜愤怒》中说,"愤怒出诗人、出伟人、出大师。"铁人的诗正是如此,从心底迸发。

肖铜:是的。1964年,美国与台湾在东南沿海搞军事演习,苏联撕毁合同,撤走专家,断绝油品供应。这种形势下,王进喜感到打井不是和打仗一样吗?刹把不就是一种武器吗?于是吟出:"手握刹把像刺刀/转盘一转响起了冲锋号/钻杆就像飞机和大炮/压力一加/钻头就往地球里头跑/打完进尺/原油呼呼噜噜往地面冒……"。

1966年2月,王进喜在人民大会堂为全国工业交通工作会议作报告时,高声朗诵了这首诗,现场掌声雷动,经久不息。著名作家刘白羽来馆参观时听到这段录音说:"铁人的诗多么豪迈,多么有气魄,而且很有辩证思想,是诗人所写不出来的。他能写出来,是因为他有这样的实践和感情。"

《誓夺头号大油田》产生 石油大会战第一首诗吹响进军号角

问:孔子讲:"兴于诗",是说诗歌可以激发人的斗志。铁人的诗即如此,抒豪情、寄壮志,起到了宣传、组织、鼓舞群众的作用。

肖铜:是的。尤其是在石油大会战的特定历史时期,激发了人们的创业斗志和为事业的献身精神。

1960年春,一场声势浩大的石油大会战,在松嫩平原上打响。1960年3月25日,铁人率队到达大庆萨尔图第一天晚上,贝乌5队(后改为1205钻井队)几十人只能住在旧马棚里,在冰天雪地里冻得无法入眠,王进喜提议说:"咱们做首诗怎么样？"这句话引起了一阵哄笑。王进喜说："你们笑什么？别以为咱们做不了诗，做不了高水平的还做不了低水平的！"他听着外面呼啸的风声，想起白天走在去会战指挥部的土路上被风吹得凉飕飕的感觉，就说："呼儿呼儿的北风好像是——是风扇！"这时一个就雪吃炒面的工人说："白雪，白雪好像是炒面！"王进喜这下诗兴大发，马上接了一句："四面八方来会战，要夺一个大油田。"大家都说好。王进喜说："还不行。说一千道一万，还得干，再加个干干干。"接着大家七嘴八舌地修改、完善，第一首诗《誓夺头号大油田》便产生了："北风当电扇／大雪是炒面／天南海北来会战／誓夺头号大油田／干干干！"诗中不仅彰显了石油工人的英雄主义和革命乐观主义精神，还豪情满怀地展示了石油大会战那波澜壮阔的场面，和石油工人决心拿下大油田的拼搏精神。

问：从铁人的诗中，可以感受到：一个人如果坚定了报效国家、服务人民的理想，他就会藐视一切艰难困苦，以惊人的毅力将个人潜质最大限度地挖掘出来、奉献出去。

肖铜：在石油会战誓师大会上，王进喜吼出了他的诗《天大困难也不怕》："石油工人一声吼／地球也要抖三抖／／石油工人干劲大／天大困难也不怕！"

在王进喜的众多诗句中，也许"宁肯少活二十年，拼命也要拿下大油田"这句是最著名的，它体现了铁人的顽强意志和冲天干劲，代表了一种忘我无私的精神。可是，还有另外一句话："我们争的不是自己的一面小红旗，我们要争的是全国这面大红旗"这句话更体现了王进喜的崇高与博大。正是二者的有机结合，才显示出王进喜的可贵，才有了"铁人"这个完美的英雄形象。

《我为祖国献石油》是主旋律　充分体现石油工人胸怀全局、拼搏奉献精神

铁人的诗充分体现了石油工人胸怀全局的广阔胸怀和为夺石油天不怕、地不怕的拼搏奉献精神。

《我为祖国献石油》,就是王进喜诗歌的主旋律。

早在1958年9月30日,铁人领导的贝乌5队(1205钻井队的前身)胜利实现月钻井进尺5009米的全国月钻井最高纪录。他的诗:"钻透祁连山/战胜戈壁滩/快马加鞭进军吐鲁番/玉门关上立标杆。"就充分体现了"钻井闯将"见红旗就扛、有第一就争的拼搏精神。

肖铜:为夺石油,铁人"头戴铝盔走天涯",鏖战西北大漠,转战松辽平原;为夺石油,他头枕钻头睡在井场,"天当房屋地当床,棉衣当被草当墙。五两三餐保会战,为国夺油心欢畅。"在艰苦卓绝的石油大会战中,王进喜发出豪迈的誓言:"有条件要上/没有条件创造条件也要上/天大的困难也要上!""我恨不能一拳头砸出一口油井,赶快拿下大油田,把石油落后的帽子甩到太平洋里去!"显示了多出油、快出油的迫切心理和雄心壮志。

铁人王进喜的"井无压力不出油,人无压力轻飘飘""干,才是马列主义;不干,半点马列主义也没有""讲进步不要忘了党,讲本领不要忘了群众,讲成绩不要忘了大多数,讲缺点不要忘了自己,讲现在不要割断历史。"这些诗句都是铁人精神的真实写照,正因为铁人把自己的命运,与祖国和人民的命运紧紧联系在一起,其价值才在祖国的发展中得以放大,其声誉才在人民的缅怀中得到永恒。

正如评论家何西来称赞:"铁人是在大地上写诗的人,很多诗句变成了格言式的东西,影响了几代人的灵魂,几代人的思维方式……铁人用他的生命在歌吟,为我们民族、为我们人类争光"。

诗人是这个世界的歌者,这个世界因为他们而充满诗情画意。

踏着铁人的足迹——文学视角里的"铁人精神"

1964年2月5日,一份红头大字的中共中央文件下发全国各地,传递了毛泽东主席号召"工业学大庆"的指示。一时间,保密了三年多的大庆油田揭开神秘的面纱,袒露出荒野与神奇交织的魅力!"大批的新闻记者和文学艺术家团队奔赴大庆油田体验生活,集中住在被称为'二号院'的大庆油田指挥机关附近。几栋干打垒平房合围的院落,简朴得像农村人民公社,进出的人员统一穿戴油田配发的轧趟棉工服,不论男女每人一顶狗皮帽子。大庆人给这处藏龙卧虎的名人招待所起了个很雅的名字,叫'文化大院'。"

——大庆精神铁人精神研究者杨海峰

又到9·26!

又到金秋九月!

又到一年一度的城市纪念日,大庆迎来油田发现62周年的日子!每到这个日子,生活在这里的人们,在心头都会泛起微澜,都会以各种方式纪念大庆创业纪念日:像这部作品——《共产党人王进喜——看铁人是如何炼成的》,作者宫柯与杨海峰历经十年准备,近三年写作而成,恰在这个九月出版了;像许俊德,半生都在研究大庆精神铁人精神的文博人、作家,他在这个九月,与记者谈论他的研究成果——"铁人文学的产生与发展"……

本篇访谈,对话杨海峰与许俊德,所谈内容是"铁人文学",其中有很多鲜为人知的细节及故事,更有丰富的理论研究成果。

杨海峰谈铁人与文化名人们

在写作《共产党人王进喜——看铁人是如何炼成的》时，杨海峰进行了大量深入采访，全书呈现出纪实性特质，其中有一章内容非常特别，专门写铁人与文化名人之间的往来故事。

杨海峰认为，当时这些文化名家创作大庆作品的选材，很多都受到铁人的影响而"搬了道岔"。比如新中国戏剧奠基人孙维世在初来大庆时，所选取的素材并不是《初升的太阳》里家属闹革命的故事……此次采访，杨海峰特别讲述了几位具有代表性的文化人与铁人之间的交往，为我们了解铁人文学的生成与发展，做了铺垫性的背景解读。

如本文开头所叙，1964 年党中央发出"工业学大庆"号召后，大批新闻记者和文学艺术家来到大庆。以下为杨海峰的讲述——

擅长写报告文学的徐迟，是进驻"文化大院"较早的著名作家，他把采访的主要目标对准了"铁人"，经过两年的积累，产生了一发不可收的创作灵感，正要动笔时，却因为当时某些原因不得不停笔……直到多年后，春回大地，徐迟的创作激情再次复燃，忆起与王进喜相处的朝晖暮霭，夜不能寐，一口气写出了短篇报告文学《石油头》，在《人民文学》杂志 1977 年第 5 期上发表。

"石油头"是王进喜在玉门油田担任钻井队长时的绰号，若不是徐迟披露，少有人知。这篇字数不多的短文，用生动的笔触记录了王进喜在 20 世纪 50 年代的成长历程，我们在这里节选一段，以飨读者——

"石油头当上大班司钻以后，他只需要上白班儿了，这是有规定的。他却搬到了井场上，住进了值班房。玉门的工人都住在市区一栋栋的宿舍里，乘坐交通车上下班。可石油头偏偏住在井旁边。芨芨草编的席棚子，外面糊一层泥巴，石油头就在这里面住下了。不需要他上夜班，他偏偏不离开井场，日夜地操心……"

文化大院的作家当中，有一位和王进喜特别投缘的西北老乡，是陕西省的知名作家，名字叫魏钢焰。

1964年夏初，魏钢焰来到文化大院安顿下来。

心胸坦荡、性如烈火的王进喜像一块大磁铁，牢牢吸引住魏钢焰这块钢。从此以后，魏钢焰黏上了王进喜，走到哪里跟到哪里。但有一点始终让魏钢焰不解，铁人不谈成绩，总是谈自己的缺点和错误。

一天，铁人把他带到了一个地方——铁人叫这个地方为"大队烈士陵园"。其实就是一块有几座坟头的墓地，"烈士陵园"是王进喜给起的名字，埋葬在这里的人也没有官方追认的烈士称号，但都是在石油大会战中因公罹难和因病去世的钻井队职工。由王进喜挑选的这块墓地，在石油会战的四年里已经安葬了几位他时刻怀念的工友。每次来到这里，王进喜都要脱帽肃立，心情沉重得如同压上了一块巨石。他沉吟了好一会儿，叹了一口气，才对魏钢焰说："瞧瞧吧，人家父母把活蹦乱跳的娃子送到咱这里，可是我没照顾好他们呐……想起这些娃，我就痛心呐！古时候杨家将为国杀敌，后人给他们写了戏文。我们的工人为甩掉国家贫油的帽子牺牲了生命，请你们也为他们写戏出书吧，让子孙后代不要忘记他们！"

转眼到了1965年，王进喜从大队长升任钻井指挥部副指挥。形影不离的魏钢焰也跟着搬来了。他发现王进喜比以前还忙，不论办公室还是家，都像接待站一样迎送接连不断的上访人。

魏钢焰很不理解，那些孩子哭、老婆闹的琐碎事不在王进喜分管的业务范围内，为什么非要管呢？

王进喜说："有什么办法？谁让咱是共产党员，这些上不了台面的小事，也总得有个人管嘛！家属大嫂没油烧，几十里外的钻工就觉着冷啊！"

曾有一度，魏钢焰被迫中断了写作。20世纪80年代，魏钢焰再次来大庆，回想起与王进喜朝夕相伴的日日夜夜，心潮难平，写出了又一篇散文《大庆的心》，在《人民日报》副刊上发表。

在文化大院里，名气和级别最高的当属军旅作家刘白羽。当年任解放军总政治部文化部的部长，奉周恩来总理指示，到大庆来领导文艺创作。

当时的石油工业部副部长康世恩到火车站去迎接。刘白羽一下车就打听：

"铁人王进喜同志在哪里？1205钻井队在哪里？"

康世恩很风趣地回答："王进喜下车就问三句话，您这才两句呀。"

刘白羽马上补充："我什么时候能见到铁人王进喜？"

康世恩哈哈大笑："够了，够了！也是三句话。别着急，你马上就会见到他！"

第一次交谈，王进喜就给刘白羽留下了极其深刻的印象。文学素养极高的老作家阅人无数，用不着拐弯抹角，感慨王进喜不是诗人，却写出了令诗人汗颜的华彩。尤其是那句："石油工人一声吼，地球也要抖三抖。"

刘白羽对在场的作家们说："这诗是诗人都写不出来的好作品，铁人的诗有哲理、有气魄、有感情。他能写出来，是他有这样的实践和感情。"

他以文化大院领导者的身份对作家们讲："大家来大庆体验生活搞创作是一回事，宣传大庆还要靠大庆人自己，要提倡大庆人写大庆。"

刘白羽还建议《人民文学》杂志编辑部派人到大庆来组稿。很快一组"大庆人写大庆"的纪实散文，刊登在中国文学界享有最高地位的《人民文学》杂志上。刘白羽自己也创作了散文《石油英雄之歌》和《伟大的创业者》，相继发表……

许俊德谈铁人文学的产生与发展

2012年仲夏，站在红岗区南二路杨树林老铁人纪念馆院内，铁人第一口油井旁，记者曾拨通一个人的电话——远在西安的魏林刻，即魏钢焰的儿子。

"1995年2月我父亲去世，5月我捧着父亲的骨灰来到大庆。按照父亲的遗愿，我走到了铁人井旁，我知道，父亲让我选择的地方，就是这里了。"魏林刻讲述。

三棵硕大墨绿的丁香树下，宋振明、季铁中、魏钢焰三座墓碑呈三角形分布。魏钢焰的墓碑上刻有一行字："魏钢焰（1922—1995），著名作家、诗人，中国作家协会理事，陕西省作家协会名誉主席。曾采访报道了铁人王进喜，与王进喜结下了深厚的友谊。"

像魏钢焰一样，自1960年开始至今，全国及大庆的作家、诗人、影视剧作家们创作了大量以铁人王进喜为原型或以铁人王进喜生平事迹为素材的各种文学艺术作品，形成了独有的"铁人文学"现象。

如今，这些作品都珍存在大庆市图书馆地方文献馆、铁人王进喜纪念馆、大庆油田历史陈列馆内。对这批特殊的馆藏作品，有一个人最为熟悉，也最具深情。

他就是许俊德，大庆铁人王进喜纪念馆原副馆长。

2006年9月26日，铁人王进喜纪念馆新馆开馆，许俊德就以纪念馆研究部主任的角色，开始了对铁人文学的研究，梳理了60多年来"铁人文学的产生与发展过程"，于今已经15年，从未间断。

许俊德：铁人文学，是指以铁人王进喜为原型或以铁人王进喜生平事迹为素材创作的各种形式的文学艺术作品，是铁人王进喜感人的英雄事迹和火热丰厚的会战生活在人们情感世界的反映。

从20世纪60年代开始，直至今天，持续不断地产生了大批反映铁人王进喜英雄事迹的小说、诗歌、散文、戏剧（影视）以及纪实文学作品。铁人文学的发展，是"用文学塑造不朽的铁人精神"，促进了铁人精神的发展，有其不可替代的特殊意义！

记者："中华铁人文学奖"的设立，就是以王进喜的称号"铁人"命名！

许俊德：这是非常值得一提的，中华铁人文学奖的设立和1999年首届中华铁人文学奖的成功评选、颁奖，是石油文学发展史上的一个重要里程碑，对于铁人文学、石油文学题材的创作，对于宣传石油精神、铁人精神，都具有深远的意义。

中华铁人文学奖是中华铁人石油文学专项基金理事会在石油、石化行业设立的全国性文学大奖，以王进喜的称号"铁人"命名。旨在表彰、奖掖在石油工业题材的文学创作方面有突出贡献的作家和有影响力的优秀作品，对铁人文学、石油文学的繁荣起到了非常大的推动作用。

记者：对于"铁人文学的产生与发展"，如果按照年代划分，可以分为几个阶段？

许俊德：谈到这个话题，首先要清楚铁人文学产生的背景，是在20世纪60年代。1960—1963年，大庆石油会战取得决定性胜利，1964年油田生产进入全面开发建设时期，同时也正式对外亮相。随之，国内一大批文学艺术工作者深入到大庆，体验生活，开始了对大庆油田的广泛宣传。从那时起，铁人文学诞生，至今可以分为三个发展阶段。

20世纪60—70年代

20世纪60年代初期，铁人王进喜本人创作的诗歌和其他人创作的歌颂铁人、抒发豪情壮志的诗歌，是铁人文学的萌芽。铁人王进喜的诗歌《石油工人一声吼》《誓夺头号大油田》表达了那个时代石油工人的心声，是石油文学的发端。

在铁人王进喜诗歌的带动下，会战职工拿起笔来，在学铁人热潮中，创作了大量诗歌、散文，表达了学铁人、做铁人，早日拿下大油田的决心、信心，铁人文学开始壮大。

如孙玉庭、徐锦荣钻井队集体创作诗歌《"铁人"头上出"钢人"》，是最早表达向铁人学习的诗歌，宋振明（时任三探区指挥）的《铁人王进喜，是我们生活中的一面旗帜》（《战报》1960年4月16日），胡九章、丑君宇（北油实习大学生）的《和铁人王进喜生活在一起》（1960年4月18日《战报》），赵军的《一个很好的指挥员》（《战报》1960年5月28日）等文章，是最早写铁人王进喜的散文。

同时，在周恩来总理的关怀和直接过问下，1964年大庆油田正式对外界宣传。一些作家、艺术家陆续到大庆体验生活，他们的介入，使铁人文学向更高层次发展，产生了在全国有影响力的作品。

如张天民的长篇小说《创业》，贺宜的长篇小说《咆哮的石油河》；吴星峰的长篇小说《大庆的春天》，艺术性纪录片《大庆战歌》；魏钢焰的散文《忆铁人》《历史的谱写者》《大庆的心》；李若冰的散文《寄自大庆的书简》等。

20 世纪 80—90 年代

20 世纪 80 年代，整个中国文学艺术复苏，铁人文学的创作也发生了很大的变化，内容和形式更加开放，作品更加客观、人性化。代表作有孙宝范、卢泽洲的传记文学《铁人传》，张怀德的传记文学《铁人王进喜》，李学恒的诗歌《铁人颂》，殷国利的诗歌《铁人赞》，庞壮国的诗歌《铁的人是遥远的会战者》《铁人与中国》，王驰涛执导的八集电视连续剧《铁人》，曹杰的报告文学《魂系石油河》等，这些作品无论史实挖掘、细节描写，还是艺术表现手法，都达到一个全新的境界。

2000 年至今

进入新时期，人们思考问题的角度不再像过去那样单一，能够从更广阔、更高远的视角审视铁人精神，认识铁人精神的价值。涌现出许多大制作的作品，不仅作品的容量大，而且思想维度更广阔、认识更深刻。如王以平的系列短篇小说《王铁人的故事》，杨利民的话剧《铁人轶事》，尹力执导的电影《铁人》，余兆荣的诗集《铁人词典》，王献力的长诗《铁人之歌》《铁人赋》，王驰涛的长诗《铁人十曲》，忽培元的散文《铁人铭》、孙宝范的散文随笔集《铁人：永远的旗帜》、王运革的诗集《铁人词三百首》、王立民的诗集《太阳王子》、魏芳的诗集《儿歌献给王铁人》等。

踏着铁人的足迹，解读文学视角里的"铁人精神"！在 9·26 这个特殊的日子，我们温故、梳理铁人文学的生成与发展，是为了不忘初心……

"五讲"如光芒,精神被点亮

专家解读从"二讲""三讲""四讲"到"五讲"形成过程

前不久,笔者曾以《尤靖波:铁人五讲真迹来历是这样的》为题,讲述了发现"铁人五讲"手迹的过程。

但除了研究专家们,很少有人知晓,铁人"五讲"的形成,并非一蹴而就,而是铁人思想日臻成熟、不断发展的过程。

曾在一次采访中,油田的一位专家以提问式方式,深刻阐述其内涵——

"铁人的思想脉络是怎么形成的?铁人为什么有这样深厚的思想根基?从'三讲'到'五讲',铁人是学习的典范,是从毛泽东思想中学习来的,是从石油会战中实践总结来的!铁人是个哲人,'五讲'透着哲学思想的光芒,是铁人精神的根脉和精髓!"

本篇特访中共大庆市委党校大庆精神铁人精神研究所所长王丽丽教授,请她解读从"二讲""三讲""四讲"到"五讲"形成的脉络过程。

多年来,王丽丽以无边的深情,以站在讲台上培训的一种姿势,将无疆的精神传递。

【正文】

背景:1966 年,铁人"五讲"诞生

王丽丽的解读,是从 1966 年 10 月 4 日,铁人"五讲"诞生时开始。

1966 年 8 月 18 日,1205 和 1202 两个钻井队只用 7 个多月时间打井超过 5 万米,超越苏联"功勋钻井队"。

按照周总理的指示，1966年9月3日，铁人王进喜带领大庆部分代表进京报捷并参加国庆17周年观礼。10月4日，铁人应邀到人民艺术剧院去看演出，在后台休息时，19岁的青年演员李光复看到了心目中的大英雄，激动万分，问了铁人两个问题后就从身上掏出《毛主席语录》，请铁人签名，铁人把语录本摁在弧状半圆的沙发扶手上写下了"大庆油田王进喜"七个大字，并写上"66.10.4"这个日期。

李光复看到签名后，就和铁人说："您再给我写几句鼓励的话呗"。

王进喜略做思考，在不太宽余的地方写下这个"五讲"题词。李光复看到这个题词特别惊讶，本以为铁人会写诸如"有也上，无也上，天大困难也要上""大庆工人无冬天"等大庆石油会战时的豪言壮语，没想到写出这么充满哲理与党性光辉的话语。

多年后，李光复接受采访时还不断感慨："铁人可真不简单，比我们想象的高得太多太多，在他面前我们只有高山仰止。"

对此，笔者也曾在之前的一些讲述中提及，但"五讲"形成之前，"二讲""三讲"至"四讲"的诞生背景又是如何的呢？

1963年提出"二讲"

王丽丽解读："二讲""三讲""四讲"直至"五讲"的诞生历程，都是有迹可循的。

会战一开始，铁人就喊出了"有条件要上，没有条件创造条件也要上"等豪言壮语。1964年初，全国掀起学大庆热潮。为保持清醒头脑，大庆会战工委及时号召全油田干部职工开展了"全国学大庆，大庆怎么办？"的大讨论。

铁人始终牢记着毛主席在生日晚宴上那句"要夹着尾巴做人"的教诲，进而得出"一切成绩归功于党和人民，我的小本子上只能记差距"的结论。

铁人经常说的一句话是："我们干事情一靠党的领导，二靠群众的支持。离开这两条那就什么事情也做不成。"

据1205队以及二大队一些老工人回忆,在那一个时期,经常在不同的场合,听到铁人讲"有了进步不要忘了党、讲本事不要忘了群众"等"二不忘""三不忘"谈话。

"讲进步不要忘了党,讲本领不要忘了群众"的具体提出,是在1963年。

1963年初1205钻井队出了一次安全事故,将标杆丢了,后来经过努力,1963年底队伍将标杆又夺回来。

铁人在总结经验的时候说:"讲进步不要忘了党,讲本领不要忘了群众。"铁人在这里所说的"进步",包括个人的成长,也包括事业的发展。这种进步是怎样取得的,铁人一贯认为那是党培养教育的结果,是党领导的结果。一个共产党员无论什么时候、什么情况下,都不要忘了党的恩情。

这是铁人最早提出"二讲"。

"三讲"背后的故事

王丽丽解读:大庆石油会战时期,钻井队打井打得好,会有一些物质奖励,即大成绩吃大猪,小成绩吃小猪。

有一年1205钻井队打得好,年底领导分给这个队一头300多斤重的大肥猪。工人们高高兴兴地把肥猪领回来,杀了之后,王进喜给供水队分了一块肉,给供电队分了一块肉,这个队送一块,那个队送一块,最后1205队只剩下一角肉。

有个小青年很不解,就和老队长说:"猪不是奖励给我们的吗,怎么还给其他单位呢。"这时王队长说:"讲成绩不要忘了大多数,不要以为成绩都是咱们井队的,离开后勤咱们谁也玩不转!"

1966年5月,周总理陪外宾第三次视察大庆,铁人特意多要了一张票。

那天他早早地就去大队技师许毓茹的办公室,二话不说,拉着他就往出走。

许毓茹问铁人,"咱们去哪?"铁人说"不要问,保密。"许毓茹平日里沉默少语,勤恳工作,什么也不争,此时他只好跟着铁人走了出去。结果铁人把他带到中七路临时机场，而且还给他找了一个第一排的位置。

看见周总理从直升机上走下来，向欢迎的群众招手时，许毓茹激动得流下了热泪，这时他才明白铁人老队长的良苦用心。许毓茹后来说："人都说'有难同当易，有福同享难'，老队长做到了与我们甘苦与共，幸福共享。"

1966年10月1日题写"四讲"

铁人参加国庆17周年观礼时，在天安门城楼上给一位解放军题词，写的就是前"四讲"。但三天后，10月4日，在北京人民艺术剧院，铁人为演员李光复签名时，就加了"讲现在不要割断历史"，这是铁人对"文革"的深入思考。

——"铁人四讲"的由来背景是怎样的呢？

王丽丽讲：铁人有一次去井场检查工作，午饭时看到一个工人不洗手就拿着馒头吃起来。铁人和他说："你怎么不洗手就吃，多不卫生"，工人答道："我师傅说了不干不净，吃了没病。"

铁人说："这是啥道理，你师傅和谁学的。"小青年刚开始默不作声，铁人又问了一遍，后来小青年才说："我师傅说他和你学的。"铁人头"嗡"地一下大了起来，追根追到我自己身上了，讲缺点不要忘了自己啊。

这就是"四讲"的由来。

对于铁人来说，一个不足终生补，一条缺点改一生。

一个不足，就是铁人深刻认识到自己没念过书，文化水平低。他常说："没文化是一种苦。"为了提高自己的文化水平，他拿出"识字搬山"的劲头学文化，学习毛主席著作和钻井技术知识。"学会一个字，就像搬掉一座山，我要翻山越岭去见毛主席！"通过学习，铁人不仅改造了客观世界，更改造了自己的主观世界。

一个缺点就是铁人性子急，对工作要求又严，有时也犯简单粗暴的毛病。1970年铁人在北京住院时，弟弟王进邦回玉门老家接妻子杨显到大庆工作，回程路过北京去医院看望哥哥。哥俩见了面，别提多高兴了，聊老母亲，聊孩子，

聊家人，之后铁人问弟弟，"你回玉门多长时间？"弟弟说"有一个月吧。"

"怎么这么长时间"，铁人严肃地问。

"有好多手续要办，行李还要整理"，弟弟讲了好多理由。铁人火了，大声说："你就是不考虑工作，安个家就用了一个月？""那行李得一点点清理啊""行李，行李的，你要想到工作，行李可以不要，扔了它！"杨显一看把大哥气成那样，赶快拉丈夫出了病房。

铁人一个人坐在病床上，慢慢地，越想越不是滋味，叹着气念叨着，"嗨，我这老毛病咋又犯了呢，对弟弟咋说都行，可弟媳还在，就不该了啊！"想到这，他赶快起身到外面小花园去找人，看见弟媳坐在石凳上若有所思的样子，他心头一酸，忙上前说："杨显啊，大哥不对啊，别怪大哥啊，我这简单粗暴的老毛病这辈子是改不了啊！"杨显含着泪连忙说："大哥，是我们不好，你批评得对，我们让你生气了。"

铁人能看到自己的不足和缺点，自省吾身，自我批评，继承了中华民族的传统美德和共产党员的优良传统与作风。

铁人"铁"在哪，"五讲"做回答

铁人"铁"在哪，"五讲"做回答——铁一般的信仰信念、铁一般的人民情怀、铁一般的纪律担当、铁一般的唯物辩证。

在讲述了铁人"五讲"的产生脉络及过程后，王丽丽深刻且深情地谈道："五讲"思想和铁人会战时的思想一脉相承，铁人思想的升华与成熟是源于铁人王进喜对毛泽东思想的学习。

"五讲"题词如明镜、如路标、如样板，"五讲"如光芒，精神被点亮。

王丽丽：中共大庆市委党校大庆精神铁人精神研究所所长、教授，硕士研究生，主要从事大庆精神铁人精神研究。现为黑龙江省委理论宣讲师资库成员、"龙江讲坛"宣讲师资库专家、大庆市委宣讲团成员。

肖铜解读：铁人跳下泥浆池那口井

这是"铁人到大庆后打的第二口油井2589井"，也是"大庆油田第一口注水井中7-11井"

注水井中7-11井的前身是油井2589井，是铁人王进喜到大庆打的第二口油井，正是这口井见证了铁人制服井喷"凝固成历史瞬间、定格成精神永恒"的奋力一跃。

1960年4月28日，王进喜率队完钻铁人一口井——萨55井，身带腿伤参加石油大会战誓师大会后，迅速带领1205钻井队进军陈家大院泡，开钻第二口井。王进喜本来被领导强行送往医院治疗却偷偷跑回井场，正赶上发生井喷，甩掉拐杖带伤跳进泥浆池……但当时未留下任何影像资料。直到1964年，《人民日报》刊发《大庆精神大庆人》，铁人勇跳泥浆池才广为所知。1965年，上海海燕电影制片厂按照周恩来总理的指示到大庆拍摄纪录片《大庆战歌》，最终再现经典。但因为是补拍画面，由此关于这口井的真实身世及其科研等诸多方面的价值，半个多世纪以来始终少为人知并被人关注。

多年来，大庆精神铁人精神研究专家、市委党校副校长肖铜，一直深入挖掘大庆功勋井的历史人文及科研价值。本篇特访肖铜，系统深入解读，披露中7-11井在中国石油工业史及大庆油田开发史上所具有的重要价值及地位。

集"三个第一"于一身的功勋井

问：为什么您谈到中7-11井是革命精神与科学态度相结合的鲜活教材？

肖铜：大庆油田探索自主开发大油田的新路，没有成型的经验可资借鉴，必须坚持一切经过试验，早期注水试验则是其中的重中之重。

而现场试验选定的第一口注水井,即是萨尔图中区 7 排 11 号井,按照生产试验区井网统一编号简称为"中 7-11 井"。这口注水井不仅荣获了很多令人敬慕的称号,更有传奇般的经历。

中 7-11 井是生产试验区第一口完钻的生产井、第一口排液井、第一口试注井,集"三个第一"于一身的功勋井,同时又是铁人王进喜率领 1205 钻井队到大庆后打的第二口井,有如革命精神与科学态度相结合的鲜活教材,恰似油田从大规模勘探进入生产性开发的标杆旗帜,大有"虎视何雄哉"之势!

石油大会战正式打响后,各探区井队都憋足了劲儿,集中火力猛攻中部开发试验区,仅用 4 天时间就拿下第二口井,创造了日进 535 米当时全战区的最高纪录,在钻机轰鸣、井架林立的广袤荒原,充分显示出钢铁钻井队"一柱中流亦壮哉"的风采!

这口井是铁人王进喜用生命打出来的,井打到 700 米时突发强烈井喷,面对井毁人亡的危险,王进喜不顾腿伤甩掉拐杖,纵身跳入冰冷刺骨的泥浆池,用血肉之躯搅拌灼人的固井水泥制服井喷。同时,在注水前期的排液中,2589 井放喷的无水原油蓄满了油罐车,促成了 1960 年 6 月 1 日首列原油外运,堪称"功威震八荒"!

石油工业部"钦点"四员大将组成攻关指挥所

问:当年石油工业部为什么要"钦点"四员大将组成攻关小组?

肖铜:注水试验是生产试验区的关键一环,因为注水事关地层的压力。大庆石油会战总指挥康世恩曾指出,地层压力是油田的灵魂。没有压力"金娃娃"就可能胎死腹中。为使油田保持较长时间自喷力,1960 年 5 月油田五级三结合技术座谈会,决定进行以早期注水为中心的"十大试验"。

注水试验的关键一战是现场试验,开路先锋就是中 7-11 井。这口井于 1960 年 5 月 16 日投产出油,同年 10 月 18 日开始由油井转为注水井,2589 井也由此更名为中 7-11 井。为攻克早期注水现场试验第一关,石油会战指挥部"钦点"曾在玉门进行过我国第一次注水试验的朱兆明、曾任老君庙采油厂注水工程师的杨育芝、在苏联学过油田注水的刘文章，另有石油工程第一师军转营级政工干部张会智四员大将，牵头组成试注前线指挥所。四个人中，除了张会智之外都见识过油田注水，张会智负责注水试验的协调保障工作。

向地下注水听起来很简单，实为油田开发中的至难。一次采油通常是经过一段时间开采降压，然后再人工注水补充耗费的能量。大庆油田早期注水是边开发边注水，是顶着油压进行的，起步就提前进入二次采油阶段，难度可想而知。而且这里饱和压力大，油层的回压也大。加之大庆长垣的砂岩层比较细密，水能不能注进去？人们都捏着一把汗。

事实上，在地上与地下的"对冲"中，注水试验第一回合就吃了败仗。

1960年8月，开始试注时，注不进去。经研究，主要原因是井底不干净。9月，开始用清水试注，又碰了钉子……反反复复折腾一个多月，中7-11井始终一副"牛不饮水强按头"的犟劲儿，令大家有些泄气，甚至怀疑早期注水的新路能否走得通？

眼看严冬将至，如果注水试验受阻，整个试验区的其他试验都将无法进行。康世恩闻讯急如星火赶到萨尔图生产试验区，听取第一口注水井试注情况。

里程碑式的功绩：荣获国家科学技术进步奖特等奖

问：当时，四员大将甚至抱定了"不成功则投湖"的决心！

肖铜：是的。当时，大家是顶着巨大的压力进行的。康世恩听取汇报时，四员大将都耷拉着脑袋，由刘文章代表项目组进行汇报。刘文章只汇报了一半，康世恩忍不住发问："你们是怎么注的？""就是用苏联和玉门的方法注的。""洗井用了多少水？""200方。"❶"怎么知道井底洗干净了？""返上来的水清了。"康世恩有些按捺不住火气说："为什么用200方水洗井，不用2000方水？"刘文章据实答道："在玉门洗井只用几十方水。""这里是玉门吗？情况变化了，怎么还死搬教条！洗井用的是冷水，还是热水？""用的是冷水，苏联、玉门都是用冷水。"康世恩批评说："为什么不用热水？这里的原油'三高'你

---

❶ 这里"方"是"立方米"的口头语表达。

们不知道吗？没有足够的热量井底的死油怎么能化掉？出现问题要动脑筋，教条主义害死人，你们这样是会葬送油田命运的！"暴风骤雨式地问训，令大家无言以对。

刘文章等人挨了"从来没有受过的严厉批评"，更加清醒意识到面对新情况新问题不能因循守旧，连夜研究制订了先排液、热水洗井、彻底清除近井堵塞、再注合格清水的注水工艺……抱定了破釜沉舟背水一战的必胜信念，甚至"不成功则投湖"的牺牲精神。

"十一"过后，秋去冬来，中7-11井注水试验的准备和预演工作却进行得如火如荼。1960年10月15日，决定性一战打响了，康世恩亲临现场指导。随着现场指挥朱兆明"开始注水"一声号令，事先调集的4台锅炉、3部高压蒸汽车和3部高压水泥车等所有机泵一起加大油门，机器轰鸣，大地颤动，压力表摆动，人们的心都提到了嗓子眼——

"水能注进去吗？"会战领导同志、技术人员、工人们忘记了寒冷，忘记了时间，都目不转睛地紧盯井口采油树和水泥车上的压力表……与油层艰难对抗整整持续了三天三夜，僵持中多坚持一下就多一分成功的希望……在一次又一次的强势进攻中，中7-11井总算驯服地张大嘴巴连续吸水，1天的注水量由原来的50方猛增到250方……成功了！

1960年10月18日，中7-11井试注成功，回答了一个前无古人且纠结已久的难题，证明了在油田原始地层压力条件下能够实现早期注水，由此也迎来了试验区全面注水的生产局面！

多年以后，"稳油控水系统工程"荣获国家科学技术进步奖特等奖，艰难的起点恰恰是从中7-11井开始的，这口井无疑书写了里程碑意义的历史功绩。

肖铜：黑龙江大庆干部学院副院长暨市委党校副校长，毛泽东思想生平研究会理事、中国近现代史史料学学会会员、省领导科学学会副会长、省行政管理学学会副会长、省党建研究会特邀研究员、省社会主义学院首席研究员，全民阅读活动主讲师、全市首批重点智库建设专家，主编或参编大庆精神铁人精神相关教材11部，有近百篇论文在省内外杂志发表。

"世界冠军要咱当"

——王进喜首次公开发表的署名诗歌被发现 [1]

日前,一首《世界冠军要咱当》的诗歌,在李国昌老先生收藏的1961年2月23日的《战报》上被发现。铁人研究者认定:该首诗,是迄今在公开出版物上查到的第一首王进喜的署名诗歌,是最新发现的由王进喜本人创作的完整诗歌,它清晰再现了老一辈石油人战天斗地的会战豪情。

在李国昌老先生家,记者看到了这张弥足珍贵的《战报》,由于年代过于久远,报纸老旧泛黄,但在二版上,清晰可见署名王进喜的诗歌——《世界冠军要咱当》。

笔者看到,报纸日期是1961年2月23日。二版通栏标题为《赛诗会豪言壮语·大会战再比英雄》,整版刊登了钻井、采油、油建三大系统在1961年春节赛诗会上抒发的豪言壮语。

署名王进喜的诗歌《世界冠军要咱当》,位于报纸左侧偏上位置,是组诗《新春立下英雄志·会战盛开英雄花》的第二首诗,该诗分上下两阕,8句共计56个字,全文如下:

> 大地回春练兵忙,磨好刀枪整好装。
> 只待战令一声下,跃马扬鞭上战场。
> 庄稼喜雨花朝阳,会战全靠共产党。
> 中华民族站起来,世界冠军要咱当。

这首诗是如何重现在人们视野的?这就要谈到一个人,铁人纪念馆老馆书记、大庆精神铁人精神研究会常务理事刘仁,是他发现了这首珍贵的诗歌。

据刘仁讲,前不久,他为编写《走近铁人》一书查找资料,因此去拜访

---

[1] 本篇访问于2009年。

73岁的《战报》老记者、《铁人之歌》《余秋里回忆录》《康世恩传》的作者李国昌。当天，刘仁在李国昌老先生的书房查阅资料，当翻到1961年的《战报》时，惊喜地发现了这首《世界冠军要咱当》的诗歌。

"我当时特别震动，异常兴奋！

直到现在说起来，刘仁依然激动不已。

刘仁告诉记者，他在铁人纪念馆（老馆）工作近20年，几乎看过馆内存有与铁人有关的所有资料，并且看过铁人的笔记本，从未发现过这首诗。

"这首诗，无论是1974年出版的《大庆战歌》，还是1976年出版的《大庆凯歌》（这两本诗集是刊载王进喜诗歌最多的书），以及其他的铁人诗文集中都未找到，《大庆文学艺术四十年》中也并未收录。"刘仁说。

"这首诗再次被发现，要归功于《战报》这份珍贵的史料，50年来，它是大庆精神铁人精神的见证和载体。"李国昌激动地说。

据悉，20世纪90年代初期，李国昌通过到大庆市档案馆、大庆日报社资料室查找、复印，补齐了1966年之前的全套《战报》，以至于家中存有大量的史料，数十年来，为铁人研究者提供了宝贵的资料。

接受记者采访时，刘仁说，这首诗的发现为研究铁人开辟了一个新的视角。

刘仁认为，这首诗与铁人喊出的"石油工人一声吼，地球也要抖三抖""手扶刹把像刺刀，钻杆就像那机关枪和大炮……"等豪语，恰好相互印证。

"'中华民族站起来，世界冠军要咱当'，多么豪迈的气魄！是铁人站在民族的高度，面对自己的石油事业。展示出的广阔胸怀和思想境界。"刘仁说。

挑去历史的尘埃，打开珍贵的《战报》，向前追溯48年，即1961辛丑牛年，王进喜写下一首诗，记录了第一届赛诗会上老一辈石油人的激情和豪迈……

2009己丑年同样是在牛年，这首诗被铁人研究者重新发现，如同一个历史轮回，更像时代的召唤，它，更是献给大庆油田发现50周年的一份厚礼。

1923—2023！百年诞辰　百年巡展　精神永恒

"永远的铁人——王进喜生平业绩展览"百场巡展，将沿着铁人的足迹走向全国各地

"永远的铁人——王进喜生平业绩展览"百场巡展活动，是纪念铁人王进喜诞辰100周年系列活动的重要内容。巡展计划以铁人的生平足迹为主，选取有代表性的博物馆、学校、企事业等单位，实现巡展100场。展览内容通过"历经苦难　赤诚报国""为国分忧　艰苦创业""脚踏实地　求真务实""率先垂范　廉洁自律""鞠躬尽瘁　奋斗不已""铁人精神　薪火相传"6个部分的讲述，全景式展现老一辈石油人战天斗地的光辉岁月。

2023年1月5日，对内（大庆市内），巡展在大庆油田第一采油厂拉开序幕；2月19日，对外（大庆市外）巡展在中国石油大学（北京）启幕。连日来，进铁人中学、到创业城社区，到厂矿、基层站队……巡展持续升温，热度不减。

一部"浓缩的铁人馆"

铁人王进喜纪念馆始建于1971年，是我国第一座工人纪念馆。新馆于2006年9月26日大庆油田发现47周年之际正式开馆，基本陈列以《爱国、创业、求实、奉献——石油魂》为主题，综合运用图片、雕塑、绘画、蜡像、场景和多媒体等手段，全面、客观、真实地展示了铁人王进喜的生平业绩及用终生实践所体现的铁人精神。

铁人王进喜纪念馆馆长苏爱华在接受访谈时介绍："'永远的铁人——王进喜生平业绩展览'，开发设计于2010年，初衷就是为了让不方便来馆参观的观

众，能够就地参观。内容提炼了基本陈列中的精华，通过图片、画照、文献等，并配合部分实物，展示王进喜生平事迹为主线展出，可以说是一部浓缩的铁人馆。"

"2010年开始，展览先后输出到天津平津战役纪念馆、上海钱学森图书馆、中国石油大学（北京）、南京渡江胜利纪念馆、西安石油大学、吉林油田等地，受到好评。"

据了解，自2010年以来，历经十几年，目前已开发出10个版本，有线上线下，有"七一版""五一版"，有大型展出也有小型展出，都是根据不同的需要和需求开发而成。

苏爱华说："我们将沿着铁人的足迹，去玉门、去新疆、去江汉油田，我们还要去北京八宝山革命公墓，人民艺术剧院……持续弘扬伟大精神，赓续红色血脉！"

《那年今天，集结！》

2023年2月19日，"永远的铁人——王进喜生平业绩展览"百场巡展，对外首场巡展走进了中国石油大学（北京）。

选择这个日子，具有特殊意义！

2月20日，中国石油大学（北京）公众号就推出了一篇文章《那年今天，集结！》

文章开篇写到——

一张张黑白照片
记录了镌刻在中国石油大学
校史上的难忘瞬间
一辆辆卡车
载满意气风发的师生

挥手告别校园

驶向一个即将改变

新中国石油工业面貌的新战场、大课堂

1960年2月20日，中共中央批准石油工业部报告，决定在东北松辽地区"集中石油系统一切可以集中的力量，用打歼灭战的方法，来一个声势浩大的会战"。

国之所需，我之所为。作为我国第一所石油高校的北京石油学院（中国石油大学前身），学校师生义不容辞地参加了大庆石油会战。会战前夕，1959年5月，学院的55级学生和部分教师，作为石油尖兵，先期开赴松辽大地；1960年2月，共组织了9个专业，613名高年级学生及43名教师干部来到松辽战场……从指挥部到探区，从科室到井队，从队长、技术员到工人，一直到行政管理和文工团员……都有北京石油学院师生们的身影……

2023年2月19日上午，"永远的铁人——王进喜生平业绩展览"巡展在中国石油大学（北京）艺术展厅开展，学校党委书记陈峰、党委副书记文永红，大庆油田宣传部副部长任玉昌、大庆铁人王进喜纪念馆馆长苏爱华、大庆精神铁人精神宣讲团成员，学校相关职能部门负责人和学院负责人、师生代表参加开展仪式。

"……从会战时期，中国石油大学就为大庆油田输送秦同洛教授、张英教授、人民楷模王启民、中国工程院院士王德民等众多教授专家学者和优秀学子，为中国石油工业发展作出巨大贡献，在他们身上无时无刻不体现着大庆精神铁人精神。所以在铁人王进喜同志诞辰100周年之际，将对外巡展首展送进这里，具有重要的历史意义和里程碑意义。"

"希望展览能激励当代大学师生学习英雄、崇尚英雄，传承弘扬石油战线光荣传统和优良作风，永远保持艰苦奋斗、锐意进取的精神风貌，为中华民族伟大复兴作出更大贡献。"苏爱华在开展仪式上说。

下午，"石油魂——石油精神和大庆精神铁人精神"宣讲报告会举办。宣讲

前，学校大学生艺术团成员通过诗朗诵和小合唱节目，表达了对大庆油田开创者们的敬意和对铁人王进喜的缅怀。

"石油魂——石油精神和大庆精神铁人精神"宣讲团成员王立志、郑媛元做了专题宣讲。

据了解，中国石油大学（北京）特别成立了风华传薪学生宣讲团主题展讲解队。王立志和郑媛元受聘担任讲解队指导教师。苏爱华为十几名志愿讲解员颁发证书。

烛照我心　弦歌不辍

薪火相传，芳华待灼。

19日，巡展在北京中国石油大学（北京）开展。

20日，"永远的铁人——王进喜生平业绩展览"走进铁人中学。

这天下午，大庆铁人中学教学楼阳光大厅内，铁人雕像前，学生代表们神情专注，通过大厅内的陈展和讲解员的生动讲述，追忆铁人短暂而又光辉的一生。

青年有理想，国家有力量，民族有希望。百余名师生代表聆听着讲解员林海英的讲述，感受铁人用热血与赤诚写就的不朽丰碑，那一句句"有条件要上，没有条件创造条件也要上。宁可少活二十年，拼命也要拿下大油田"令青年学生们心潮激荡！

展出现场，笔者特别采访了两名学生，高一（二）班的葛明浩与高二（三）班的杨舒乔。两名17岁的少年朴素的话语映射出内心的感受——"小的时候这些故事都听过，但今天是在这样的氛围中，听讲解员这样深情的讲解，感受很深"。女孩杨舒乔情感细腻，她说，"学习真的很累，但是铁人是在那样资源匮乏、环境恶劣的条件下拼命也要拿下大油田，而我的学习是在优越的条件下，这种精神激励了我"……男孩葛明浩说，"成绩不如意的时候，会想起铁人胸怀大志为国奉献的志气！作为当代青年，要继承这种精神。"

大庆铁人中学副校长丛臣在展览结束时，对师生们说："铁人精神无论在过去、现在和将来，都有着不朽的价值和永恒的生命力，我们每个人都要将铁人精神入脑入心，入情入行，让内心深处的精神力量迸发，在这片墨色的土壤上，不忘铁人之道，承继铁人之气，纵志于千里沃野，放眼于万波遥川。"

　　烛照我心，弦歌不辍，芳华待灼！

　　百年百场，代代相传，精神永恒！

物见铁人　守望百年
——铁人王进喜诞辰 100 周年文物征藏综述

文物和文化遗产是人类社会历史发展进程中保存下来的物质和文化遗存，是国家的特有记忆，也是民族的基因解码。习近平总书记明确指出："保护历史文化遗产责任重大"。大庆铁人王进喜纪念馆作为铁人王进喜英雄事迹和大庆精神铁人精神的宣传教育阵地，是中国石油系统内唯一的国家一级博物馆。半个多世纪以来，纪念馆人履行传承使命、守护企业根魂、弘扬石油文脉，收藏保护铁人王进喜、大庆石油会战、油田发展历史进程留存的各类文物藏品达 2.1 万余件，其中国家三级以上珍贵文物 384 套 540 件。文物藏品是实施布展、进行学术研究、扩大对外宣传的基础，是博物馆与观众沟通的桥梁，是博物馆的灵魂所在。铁人王进喜纪念馆作为企业办馆因何能坚守文博藏品专业之路，因何能为"守好文物藏品，讲好铁人故事"奠定坚实展研基础，2023 年，她们用铁人王进喜诞辰 100 周年文物征藏成果来回答。

铁人手迹意外再现

2023 年 7 月，铁人王进喜纪念馆赴北京开展征集工作，在采访捐赠人时，无意间提到了其亲戚刘南平女士，听说大庆来人后，也翻找出来一些老照片，还有一本极其珍贵的巴掌大的小笔记本，上面有铁人王进喜为她题字签名"读一辈子毛主席的书"，就这样继"五讲"语录之后铁人手迹意外再现。虽素未谋面，只是微信寥寥数语，刘南平女士就主动把题词小本子邮寄给工作人员，没有任何要求，并专门写下了一篇回忆文章，讲述题词小本子的来历，对那段历史记忆满怀深情，也为这个珍贵的小本子的验明正身留下凿凿证言。1966 年，刘南平作为石油工业部机关子弟,按照部领导的安排随专列到大庆接受教育,专列上同行的正是当时全国闻名的英勇救火、保护新开发大气井的32111钻井队英雄们,石油工业部此次安排他们去各个油田巡讲,第一站就在大庆。刘南平的父亲时任石油工业部政治部办公室主任,参与了这项工作,并与年仅15岁的她多次谈话做思想工作,让她随车去大庆,不要错过这个难得的机会,通过与工人同吃、同住、同劳动,进一步了解石油工人为国家找油的艰辛,为国家奉献的决心。还约法三章:(1)到了油田不继续随32111钻井队到各处巡讲;(2)也不许跟随他们离开大庆去其他油田;(3)要服从大庆油田的分配,老老实实参加劳动当学徒工。路上,刘南平怀着激动的心情,近距离地与英雄们在一起让她感到无比自豪,并请他们19位英雄一一在她的小本子上题词留念,留下了珍贵的墨宝。到了大庆,刘南平最大的愿望是能够见到铁人王进喜,想亲眼看看英雄的风采。10月16日,刘南平一行来到了铁人王进喜的干打垒,房间不大,既是办公室,也是宿舍,一张书桌、几把椅子和一张行军床,就是全部家当。铁人衣着朴素,穿一身竖道道的棉工作服,给她们讲述了艰苦创业的故事,鼓励她们要认真读毛主席的书,好好向工人学习,争取接好革命的班。他还在刘南平的小本子上题词"读一辈子毛主席的书"。大家为铁人强忍全身关节的疼痛,革命加拼命的精神所感动,为他想方设法战胜病魔的毅力所感动,更为他读毛主席的书,努力传承大庆精神所感动。后来,刘南平等4名女生被分配到钻井机修厂当学徒,与工人们一起三班倒,体会到当工人的辛苦。最让刘南平受教育的是有幸参加了10月21日钻井机修厂50次岗位责任制大检查。可检查中出现了问题,下午开了大会,在会上大家批评了机修厂。这个厂以前是石油工业部的标杆队,可是这次却出现了这么多的问题,大家都感到特别痛心,机修厂的工人师傅们更是难受,在场的所有同志差不多都哭了,她当时也流下了眼泪。然而,最意外的收获的是,她竟然第二次见到了铁人王进喜。10月23日,王铁人找她们就参加50次岗位责任制大检查大会后进行座谈。铁人说"你们要好好学习主席著作,你们的思想最单纯,最富有革命的精神。"一席话至今让刘南平深受感动、倍受教育,"王铁人是全国闻名的劳模、英雄,他还这么样

严格要求自己,在百忙中还关怀下一代的健康成长,使我们受益匪浅。"一个小本子记载了一段难忘的历史,记载了英雄们的寄托。几十年过去,刘南平在铁人王进喜诞辰100周年之际,把这个小本子捐献给铁人王进喜纪念馆,让人们一起重温了这段历史,让大家再一次感受到了大庆人对党和国家的忠诚,感受到了大庆精神铁人精神生生不息,熠熠生辉!

共同守护宝贵财富

2023年,铁人王进喜诞辰100周年之际,铁人王进喜纪念馆以新时代文物工作方针为指导,抓住契机启动专项征藏,征集到1966年王进喜进京报捷时在长城的照片、李德生院士手稿、著名画家李琦和冯真创作的石油工人相关画作等一批珍贵文物藏品600余件,其中"1966年10月16日王进喜题词及签名的笔记本"最为特殊,符合国家一级文物的定级标准。百年专项征藏实现了铁人王进喜纪念馆年度文物藏品入藏量翻倍,激发了油田上下、社会各界以及人民群众对铁人精神传承、油田历史文化的认知水平、保护意识、集体共识的全面提升,更加坚定了铁人王进喜纪念馆服务好企业、服务好社会、服务好人民,打造中国特色一流纪念馆的信心和底气。

百年专项征藏工作启动以来,铁人王进喜纪念馆发布藏品征集启事,多方面搜集藏品征集线索,拓宽藏品征集途径,建立日常征集与重点征集相结合的长效征集机制。最为可贵的是今年的征藏,得到了来自油田上下的全力支持。从油田领导、机关部室到基层单位以及百年诞辰有关的所有项目组,都将"要把铁人有关藏品收集起来"这件事记在心上、当作要事,安排任务、提供线索、帮忙联系,甚至把藏品送上门,对油田文化遗产的保护意识,对历史、对未来负责任的态度值得高度赞叹。

捐赠人李中石,75岁,来自重庆,凭一封真挚信函得到油田党委朱国文书记的约请,在大庆人的热情下,道出了他与铁人的一段难忘记忆。1966年6月22日,石油32111钻井队血战火海,英雄事迹震惊全国,李中石被调到四川石油会战总部，参演大型歌舞《血战火海》并在全国巡演，1966年10月17日，他和32111钻井队英雄一起来到大庆，受到油田领导及以铁人王进喜为代表的大庆劳模的热烈欢迎。至今他一直记得那天王进喜亲手为他带上大庆石油会战纪念章的情景。再度来到大庆，他感受到了油田领导深厚的文化情怀以及大庆铁人王进喜纪念馆的专业所在，不仅将自己珍藏的铁人送给他的纪念章捐献给大庆铁人王进喜纪念馆，还把保存多年的石油系统内罕见的纪念徽章、舞台剧剧本等20余件（套）历史照片、文稿文献一并捐献，因为他相信大庆油田宣传保护历史文化的真诚与实力，会让这些珍贵的藏品绽放时代异彩。

在纪念铁人王进喜诞辰100周年系列活动如火如荼开展的同时，各个工作专班、专项工作组不忘征藏，有关百年诞辰的文献材料、采访资料、协调代捐的藏品等，都是他们在对历史的书写创造过程中留下的特殊印记。铁人王进喜诞辰100周年统筹协调组仅简报就形成了220多期，为纪念百年诞辰留存纸上见证。油田文联百年书画展览组，择选来自全国各地的优秀书法绘画作品197幅入展作品入藏铁人王进喜纪念馆。油田电视百人访谈项目组的记者们，珍惜与每一位受访者相见的机遇，边采访边征集，先后把大庆油田发现者之一李德生院士接受铁人王进喜同志诞辰100周年专项采访的提纲手稿，石油工业部原副部长李敬、石油工业部原副部长赵宗鼐、陕西省委原书记安启元为铁人王进喜同志诞辰100周年书写的书法作品，中国海洋石油总公司第一任总经理秦文彩捐赠的《"铁人"王进喜同志》织锦画等藏品送到铁人王进喜纪念馆入藏，记者代捐时的喜悦溢于言表、由衷地欣慰。还有大庆油田报社编辑出版的百年百版、铁人诞辰百年文创产品、油田创作的一系列歌曲、专题片、纪录片、书籍等都成为这一年重要的征藏品。

征藏工作还得到了油田基层单位的大力支持。铁人王进喜纪念馆里原本就有很多1205钻井队捐赠的藏品：小黑兔摩托车、三刮刀钻头、刹把、B型大钳……不胜枚举。在这个特殊的时间节点，1205钻井队现任队长、油田新时代铁人式标兵张晶将带有全体队员签名的工服上衣送到了铁人王进喜纪念馆，一并送来的还有1205钻井队刷新大庆古龙页岩油最短钻井周期纪录的两枚钻头，

展出后备受观众青睐。企业基层单位文物保护集体意识的提升，也再度证明了铁人精神、企业文化的感染力与生命力，这也是助力百年油田、凝聚原生动力的具体体现。

承载社会殷殷嘱托

铁人王进喜纪念馆是联系企业与社会的桥梁，大庆精神铁人精神通过纪念馆的特色阵地讲解、石油魂宣讲、永远的铁人巡展等丰富多元的社会服务品牌，不仅得到了社会各界的肯定和赞誉，更加成为社会各界人士信赖的文化阵地。中国著名肖像画家李琦和妻子冯真作为中央美术学院的教授，对石油工人的画像的创作有着深刻印记，他们的女儿李丹阳在父亲过世之后，一直想要将父母创作的关于石油工人的画作捐赠给铁人王进喜纪念馆。七月的北京骄阳似火，李丹阳女士在家中接待了铁人王进喜纪念馆的工作人员，一位70多岁的女儿和一位90多岁的母亲，一起翻找着已经百年的李琦教授的画作，有笑有泪的场面令人无比动容，李丹阳女士表示，今年是铁人王进喜诞辰100周年，他的父亲为了创作《人民功臣》系列画作曾经到大庆体验生活，母亲也创作过石油工人的画作，她要把这些画捐赠给大庆铁人王进喜纪念馆，因为父母关于石油工人的画作捐给大庆的馆才更有意义，这份信任无比珍贵。

来自中国工人出版社副总编辑董友斌将一件带有倪志福、王兆国、孙春兰同志和1205钻井队45名钻工签名的一件工服上衣捐赠给铁人王进喜纪念馆。2005年10月至2006年9月，作为全国总工会机关干部，董友斌在大庆油田1205钻井队挂职锻炼一年，期满返回北京时，1205钻井队向他送了一件签有45名员工名字的工服上衣留作纪念。回到全国总工会后，他将自己在大庆挂职的经历创作了一首诗歌，并在全总机关团拜会上进行朗诵，出席团拜会的领导同志倪志福、王兆国、孙春兰也在这件工服上签了名字，赋予这件工服更大的纪念价值。他说："我一直珍藏着这件工装，这件衣服对我来说意义重大，在铁人王进喜诞辰100周年这样一个特殊的日子里，把这件工服捐赠给铁人王进喜纪念馆，我放心也安心，它就应该在这里。"

文物藏品寄托着捐赠人的情感，那些记挂铁人的老相识，他们的捐赠品，就是一种历史与情感的连接与传递，无论是老科学家、老领导、老石油人，还是每一位被铁人、铁人精神激励着的普通人，他们对铁人的怀念与崇拜，是铁人精神永久流传的最鲜活、最感动的乐章。老会战汪永生随子女移居外地多年，今年也特意赶回大庆，把1966年铁人王进喜在全国工业交通会议上的讲话录音磁带和1966年铁人王进喜进京报捷在长城拍摄的照片捐献给了铁人王进喜纪念馆，他说："我把珍藏了半个多世纪的这些资料捐赠给你们，说句心里话我也很舍不得，但是我觉得这些资料在这里会得到更好更专业的保管和利用，会有更多的人看到，会教育更多的人，让更多的人珍惜前辈们用血汗换来的今天。铁人精神永远鼓励着我们，铁人精神永放光芒！"

2023年，面向社会各界的征藏，有著名书画家的精品画作，有工艺美术的剪纸作品，还有石油音乐家捐献的交响曲谱，有文学艺术爱好者的诗歌散文，有党校教授捐献的雕塑、电影胶片，有新华社记者捐献的新创作的与铁人有关的书籍，还有油田集邮协会会员一次性捐献铁人有关书籍百余本，自制铁人形象磁盘、镜子24件……源源不断的入藏，是一件件沉甸甸的责任。

"保护文物功在当代、利在千秋"，习近平总书记强调，"保护好、传承好历史文化遗产是对历史负责、对人民负责。"在铁人王进喜诞辰100周年之际，铁人王进喜纪念馆的藏品来自企业、来自社会、来自人民群众，这些藏品的珍贵性取决于它的不可再生，科学地、完整地保护每一件藏品，给藏品一个安全可靠的家，是铁人王进喜纪念馆文博专业人员的共同心愿。作为国家一级博物馆，铁人王进喜纪念馆在藏品征集、保护、研究和利用等方面已形成了规范的管理体系。同时，"推进文物合理适度利用，使文物保护成果更多惠及人民群众"，也是铁人王进喜纪念馆馆藏研究人员的责任和使命。他们将进一步深入贯彻落实习近平总书记关于让文物活起来，以及大力弘扬大庆精神铁人精神等重要指示精神，以物展示交流，让文物自己说话，不断让更多大庆精神铁人精神的见证之物走进大众视野，以物记事、以事叙史、以史启迪，让文物藏品"亮出来、活起来"，讲好铁人故事、大庆故事、中国故事，坚定历史自信，增强历史主动，为当好标杆旗帜、建设百年油田注入强大的精神动力。

弘扬铁人精神 赓续精神血脉
打造中国特色一流纪念馆

为建设世界一流现代化百年油田提供精神动力

2023年10月8日是铁人王进喜诞辰100周年纪念日。

王进喜，是中国石油工人的光辉典范，中国工人阶级的先锋战士，中国共产党人的优秀楷模，中华民族的英雄。

纪念铁人，不仅仅是因为他与老一辈石油人一起，开发建设了举世闻名的大庆油田，为中国石油工业点燃了希望的火把，更重要的是，他在那个心怀理想、敢于拼搏的创业年代，用爱党之心、报国之志、为民之情树立起中国工人阶级的光辉形象。

20世纪60年代，以王进喜为代表的中国石油人，克服极端困苦的条件，战天斗地、激情创业，在大庆油田勘探开发建设过程中，在中国共产党领导下，逐步培育和形成了宝贵的铁人精神，其内涵包括："为国分忧、为民族争气"的爱国主义精神；"宁肯少活二十年，拼命也要拿下大油田"的忘我拼搏精神；"有条件要上，没有条件创造条件也要上"的艰苦奋斗精神；"干工作要经得起子孙万代检查""为革命练一身硬功夫、真本事"的科学求实精神；"甘愿为党和人民当一辈子老黄牛"，埋头苦干的无私奉献精神。在铁人精神的鼓舞下，64年来，大庆石油人在一片荒原上创造了世人瞩目的辉煌成就，在2023年3月26日，大庆油田累计原油产量突破25亿吨，创造了世界同类油田开发的奇迹，成为中国能源的压舱石！

为了宣传弘扬铁人精神，早在1966年北京中国革命历史博物馆展出的《大庆展览》中，就充分展示了铁人王进喜的先进事迹；1970年11月15日铁人王进喜逝世后，为了继承铁人遗志，宣传铁人精神，大庆油田举办了第一个铁人事迹图片展；1971年7月1日，在铁人王进喜率领1205钻井队来大庆打的第一口油井——萨55井的原址，建起了"铁人王进喜同志英雄事迹陈列室"；为了适应油田广大职工进行大庆会战传统教育，在萨尔图中七路的大庆展览馆，建设《铁人王进喜同志英雄事迹陈列》；在中华人民共和国成立40周年、大庆油田发现30周年前夕，在原铁人王进喜同志英雄事迹陈列室的基础上，扩建"铁人王进喜同志纪念馆"，把纪念馆与"铁人一口井原址"有机集合起来，更好地起到弘扬铁人精神的作用；为了满足人们参观学习的需求，铁人王进喜同志纪念馆迁建至油田世纪大道和铁人大道交汇处，在2006年9月26日，大庆油田发现47周年之际，"铁人王进喜纪念馆"正式开馆。

铁人王进喜纪念馆作为弘扬铁人精神的主阵地，几经变迁与发展，成为全国第一座工人纪念馆、全国首批爱国主义教育示范基地、国家AAAA级景区、国家一级博物馆。半个多世纪，近2.5亿人次受到铁人事迹的教育、受到铁人精神的熏陶，一代又一代人跨越时空接力奋斗，让铁人精神的火种生生不息，薪火相传。在铁人王进喜诞辰100周年之际，铁人王进喜纪念馆着力打造中国特色一流纪念馆，让红色血脉源远流长，让铁人精神熠熠生辉，为大庆油田建设世界一流现代化百年油田提供精神动力。

弘扬铁人精神　赓续精神血脉　汲取奋进力量

大力弘扬铁人精神，是要以对历史、对现实、对未来高度负责的态度，让铁人精神在新时代绽放更加璀璨的光芒，用真情实意为油田服好务、为社会服好务、为人民服好务，增强弘扬铁人精神的使命感、责任感和荣誉感，赓续精神血脉，激发奋斗伟力。

凝聚前进力量　铸魂强基为油田服务

"60年来，几代大庆人艰苦创业、接力奋斗，在亘古荒原上建成我国最大的石油生产基地。大庆油田的卓越贡献已经镌刻在伟大祖国的历史丰碑上，大

庆精神铁人精神已经成为中华民族伟大精神的重要组成部分。"

大庆油田始终坚持以习近平新时代中国特色社会主义思想为指导，牢记政治嘱托，深入贯彻落实党的二十大精神，围绕"当好标杆旗帜、建设百年油田"，为祖国"加油争气"。大庆油田为奋力谱写新时代发展新篇章，大力实施精神血脉赓续行动，油田党委高度重视铁人精神的弘扬，2022年决定将每年的10月8日设立为"铁人纪念日"，缅怀以铁人王进喜为代表的老一辈石油人为新中国石油工业发展和油田开发建设作出的历史贡献。

铁人精神是油田广大干部职工的思想根基、精神坐标，铁人王进喜纪念馆作为中国石油天然气集团有限公司企业精神教育基地，致力于打造新时代展示企业风貌、宣传企业文化的新窗口，在铁人王进喜诞辰100周年之际，积极开展"对话铁人 奋进百年"主题教育活动，用铁人事迹砥砺初心使命，用铁人精神激发奋斗豪情，引领百万石油人学铁人、做铁人，胸怀"国之大者"，将"铁人精神"的火把高高擎起，拼搏在建设世界一流现代化百年油田的新征程上。

擦亮红色品牌　发挥优势为社会服务

习近平总书记在庆祝中国共产党成立100周年大会上强调"一百年来，中国共产党弘扬伟大建党精神，在长期奋斗中构建起中国共产党人的精神谱系，锤炼出鲜明的政治品格。"大庆精神铁人精神以其独特的内涵，闪耀着时代的光芒，成为党中央批准的第一批纳入中国共产党人精神谱系的伟大精神。铁人精神是中华民族宝贵的精神财富，是大庆的精神地标、文化名片，是这座城市最鲜明的底色，更是这座城市繁荣向上的内驱动力。

铁人王进喜纪念馆充分发挥红色资源优势，深入挖掘红色文化内涵，与时俱进打造具有国际影响力的"红色目的地"，让了解铁人、感受铁人精神成为千千万万来大庆的人们的第一选择。自迁建新馆以来，已累计接待社会团体和各界观众逾1300万人次，参观高峰期日接待观众超过1.5万人次，新媒体平台单场活动报道浏览量近248万人次、单个视频单日浏览量超6万人次……事实已经证明，铁人精神以强大的感召力、影响力和凝聚力，对大庆知名度提升、大庆形象的展示、大庆历史的传承有着不可估量的巨大推动力。

大力弘扬铁人精神，源源不断地提供文化引领、精神支撑，统一前进意志，坚定发展信心，不断增强全社会的向心力，让人们在这片承载着不朽记忆的土地上，开启伟大精神的"寻根之旅"，扎实推进社会主义文化新辉煌。

满足文化需求　真情实意为人民服务

满足公共文化需求，是人民群众文化获得感、幸福感的需要，是实现共同富裕的文化基础和人民美好生活的精神基石。铁人王进喜纪念馆立足特色打造"课堂式"精神教育基地，让人民群众享受丰富、充实、高品质的精神文化生活。

铁人王进喜纪念馆通过不断丰富铁人英雄形象，展示铁人光辉业绩，激发强烈精神共鸣，满足群众"自我学习"的需求；通过增强全景式、全方位、全过程陈列布展方式，营造沉浸历史的浓厚氛围，满足群众"自我思考"的需求；通过转化精神研究成果，诠释展览展品内涵，增强伟大精神的向心力，满足群众"自我完善"的需求。

弘扬铁人精神，坚持以人民为中心，满足人民文化需求，让人民群众在重温一段段峥嵘岁月的过程中，感受创造奇迹的光辉历史，感悟伟大精神镌刻的不朽丰碑，不断增强对美好生活的向往，为中国人民实现中华民族伟大复兴的中国梦凝聚奋进伟力。

打造一流纪念馆　彰显中国特色　推动高质量发展

今后一个时期，铁人王进喜纪念馆坚持以习近平新时代中国特色社会主义思想为指导，深入贯彻落实党的二十大精神，锚定"弘扬铁人精神，赓续精神血脉，打造中国特色一流纪念馆"的目标，着力打造"三个一流体系"，继续遵循文博行业的发展规律，坚持企业办馆的特色之路，坚守纪念馆的政治责任和历史使命，充分展示良好形象，持续对标国家一级博物馆、英雄人物纪念馆、革命类纪念馆，把握历史发展规律和大势，彰显中国特色，做新时代纪念馆高质量发展的领跑者。

聚焦优化功能　打造品牌化一流宣教体系

铁人王进喜纪念馆作为弘扬铁人精神、展示企业文化的阵地,通过做优阵地接待服务品牌、做强对外宣讲品牌、做大社会教育品牌,打造品牌化一流宣教体系。做优阵地接待服务品牌。纪念馆在17年的运行实践中,形成了一套符合国家一级博物馆、石油企业纪念馆特点的接待流程,打造"特色讲解+"模式,在保持专题讲解不变的基础上,或增加廉洁内容,或增加教育内容,或增加严实内容……充分满足接待团体对内容、风格、时间等需求,讲出特色、讲出新意、讲出精神实质,在行业内形成独树一帜的特色接待品牌。做强对外宣讲品牌。纪念馆坚持在国内外开展大规模巡回宣讲,其中"石油魂"宣讲品牌颇负盛名,经过13年的千锤百炼,走进全国31个省、市、自治区,直接受众超300万人次,走出了一条铸魂育人的成长之路。铁人王进喜纪念馆的宣讲员充分展现了宣讲团全国工人先锋号、中宣部理论宣讲集体和大庆油田功勋集体的良好风貌,为国内外各行各业,诠释石油精神和大庆精神铁人精神的深邃内涵,展示石油工人心向党的良好形象,夯实中国人民逐梦新时代的底气,脚踏实地做强"石油魂"宣讲品牌。做大社会教育品牌。纪念馆社会教育活动打造"教育主题+"模式,突出社教活动的教育功能和主题特色,在重大时间节点教育输出性、主题特色鲜活性和群众参与附着性上打好组合拳,着力增添新意与活力、情感与温度,注重形式多样,渲染浓厚氛围,增强历史触感,潜移默化发挥社会教育职能,近两年累计开展教育类活动1200余场次。三年来,社教活动搭载"云服务"开新拓维,邀请社会各界、全国各地群众广泛参与,实现单场"云服务"直播人数达100万人次,累计受众逾200万人次,切实做到延伸公共文化服务、全面激活文化存量,通过把握热点、匠心打磨、精准发力,逐步构建起线上线下相融合的"云课堂""云看展""云研学"等一系列"云服务"传播架构,充分发挥全国爱国主义示范教育基地作用,坚守中国共产党人精神殿堂、中国人民精神家园、中华民族精神高地的使命。

聚焦转化成果　打造复合型一流展研体系

铁人王进喜纪念馆始终坚持"保护第一、加强管理、挖掘价值、有效利用、让文物活起来"的新时代文物工作方针，确保收藏、研究、展示工作做到政治性、思想性、艺术性相统一，通过扎实的红色资源收藏保护、深入的文物藏品研究利用、特色的多元展览展示，提升教育基地的代入感、沉浸感、真实感，增强精神弘扬的表现力、传播力、影响力，逐步构建起馆藏丰富、研究深入、展示多元的复合型一流展研体系。馆藏丰富。历经数十载几代纪念馆人的积累与沉淀，铁人王进喜纪念馆的藏品总量已经达到2万多件，其中国家一级、二级和三级珍贵文物总量达到500多件，为全面宣传展示大庆精神铁人精神奠定了坚实基础。研究深入。围绕历久弥新的大庆精神铁人精神，不断充分挖掘藏品背后的历史内涵和时代特征，增加价值引领，注入新的时代内涵；加强深入研究，拓宽历史纵深研究，把握高度，理清脉络，核准细节，实现展示内容既有思想深度，又通俗易懂，既形式多种多样，又能突出重点亮点，既有艺术表现力，又有内容感染力。展示多元。秉承"全国十大陈列展览精品"之品质，实现展览展示多元化。依托内容研究，深耕细作基本陈列内容，不断丰富展示内容；整合馆藏资源，加大研究成果转化，延展深化铁人精神与文化的阐释，实现临展的系列性、定制性、灵活性和时效性；开放合作办展，增强行业内互换展览，持续输出"永远的铁人"等品牌巡展，引进国内高质量展览，协同提升展览品牌价值，增强铁人精神的传播与弘扬。

聚焦强化素质　打造铁人式一流队伍体系

铁人王进喜纪念馆全体员工始终坚持"铁人身边做铁人"，通过锻造铁人式党支部、锤炼阶梯式人才队伍、构建铁人式专项工作组，打造铁人式一流队伍体系。锻造铁人式党支部。在实践中，锤炼党员政治品格，加强党员党性修养，充分发挥党员先锋模范作用，在重大决策、重大考验中冲得上去、顶得起来，发扬斗争精神，发挥战斗堡垒作用，引领全体员工为纪念馆高质量发展增砖添

瓦。锤炼阶梯式人才队伍。把人才作为第一资源,构建成长阶梯,优化激励制度,持续开展"一级带着一级干,一级做给一级看"活动,形成人人皆可成才、人人尽展其才的良好局面,发挥人才优势,增强全国"五好"讲解员、优秀馆藏研究员的示范性,培育形成一批专业技术过硬的人才队伍。构建铁人式专项工作组。在纪念馆发展过程中,按照项目需求,打破机构限制、加强融合协作、集中专业优势,组建"纪念铁人王进喜诞辰100周年"系列工作筹备组、"永远的铁人"专题巡展工作组、党建工作组、《铁人王进喜廉洁故事》工作组等一系列专项工作组,在急难险重任务面前攻坚啃硬,提前谋划部署、及时发现问题、快速形成方案、有效解决落实,高速度、高质量、高水平完成各项工作任务,有力展现铁人王进喜纪念馆铁人式工作作风,全体干部员工坚持用铁人精神砥砺品格,做铁人精神的模范践行者、坚定传承者,铸就一支立得住、叫得响、传得开的铁人式一流队伍。

今年是铁人王进喜诞辰100周年,也是铁人王进喜纪念馆打造中国特色一流纪念馆的起步之年,值此之机,铁人王进喜纪念馆深谋未来、蓄力发展,勇担新时代价值引领的责任,大力弘扬铁人精神,赓续精神血脉,筑牢文化软实力内核,夯实高质量发展硬支撑,高擎"大庆就是全国的标杆和旗帜",凝聚大庆油田建设世界一流现代化百年油田发展之魂,为建设社会主义文化强国、实现中华民族伟大复兴提供强劲精神动力!

后记

纪念，是为了更好地前行

在历史新征程上,一个百年铁人,一个百年油田。对话百年铁人,我学什么?对照百年油田,我怎么做?百年铁人启示我们,赶快挺起那百年油田的卓越风骨!百年油田昭示我们,赶快燎原那百年铁人的璀璨星火……

2023年,是铁人王进喜诞辰100周年。

油田党委高度重视,开展了纪念铁人王进喜诞辰100周年系列活动,成立了领导小组、工作专班以及专项工作组,策划的系列纪念活动正在紧张有序开展。

纪念活动一经开展,就得到油田内外的积极响应和大力支持,油田所属各单位纷纷结合实际开展纪念活动,中国石油天然气集团有限公司集团公司党组、黑龙江省、大庆市都做出了相应安排部署,全面掀起了缅怀铁人、学做铁人的热潮。

纪念,是对英雄的致敬!

纪念,是对历史的自信!

纪念,是发展的需要!

纪念,是为了更好地前行!

铁人,历史需要铭记,人民需要铭记

艰苦创业大熔炉,忠心铸就铁人骨。

真正的英雄,不会被遗忘,也不能被遗忘。铁人王进喜是中华民族的英雄,在短短47年的时间里,为我们树立起了一座精神的丰碑。

1960年,王进喜从玉门来到大庆,参加石油会战,下了火车,他一不问吃、二不问住,先问钻机到了没有?井位在哪里?这里的钻井纪录是多少?发出了经典的"铁人三问"。

钻机到了,吊车不够用,王进喜说:"咱们一刻也不能等,就是人拉肩扛也要把钻机运到井场。有条件要上,没有条件创造条件也要上。"带着工人用滚杠加撬杠，靠双手和肩膀，把井架立在了茫茫的荒原上。

要开钻了，可水管线还没有接通。王进喜振臂一呼，带领工人到附近水泡子里破冰取水，硬是用脸盆、水桶，一盆盆、一桶桶地往井场端了50多吨水，完钻了大庆油田第一口生产井。

井喷发生时，王进喜不顾腿伤、甩掉拐杖，纵身跳入泥浆池，用血肉之躯制伏井喷。

房东赵大娘看到王进喜钻杆当床、钻头作枕，领着工人们不分白天黑夜地在井场上拼命大干，对工友们说："你们的王队长可真是个铁人啊！"余秋里知道后高兴地说："大娘叫得好，我看大会战第一个英雄就属王进喜，名号就叫'王铁人'。"铁人的名号就这样传开了。

从普通钻工成长为全国闻名的"铁人"，王进喜把自己的生命与新中国石油事业紧紧连在一起。

生，为共和国石油；死，为民族的振兴。在那个艰苦卓绝的年代，跳进泥浆池压井喷看似冲动，实则却是王进喜把命都给了祖国石油事业的必然选择。"中国人尿尿都要打井""有也上、无也上、脱了裤子也要上""把地球倒过来让原油哗哗地淌"等原创话语看似粗莽，实则是那个创业年代产业工人独有的英雄豪迈气概。

不是随便哪个人都可以说出铁人王进喜那样的话来，没有大胸怀，没有大气魄，没有一颗赤子之心和满腔家国情怀，是说不出那些话来的。

被房东大娘称为"铁人"看似偶然，实则却是王进喜站在波澜壮阔创业时代浪尖的必然；"铁人"这个名号看似朴实，实则蕴含了中国工人阶级的报国情怀！

铁人王进喜曾经立下"宁肯少活20年，拼命也要拿下大油田"的钢铁誓言。其实，他岂止是少活了20年！他把一生都交给了祖国的石油事业。铁人王进喜先后被评为"百年中国十大人物""100位新中国成立以来感动中国人物""最美奋斗者"等称号，荣誉是党对铁人王进喜的高度认可和赞扬。

英雄，我们必须永远铭记。

铁人精神，宝贵的财富，奋进的力量

一部为国加油史，震古烁今石油魂。

"大庆油田的卓越贡献已经镌刻在伟大祖国的历史丰碑上，大庆精神铁人精神已经成为中华民族伟大精神的重要组成部分。"

自1964年毛主席发出学大庆的号召以来，邓小平、江泽民、胡锦涛、习近平等党和国家领导人先后视察大庆油田，均对大庆精神铁人精神给予了高度肯定。习近平总书记更是在致大庆油田发现60周年的贺信中，对铁人精神高度评价并做出了明确定位。

2011年在庆祝建党90周年之际，由《人民日报》发起的中国共产党精神寻根研讨，总结形成了中国共产党七个伟大精神，大庆精神位列新中国成立后第一个。

2021年9月，大庆精神铁人精神被第一批纳入中国共产党人精神谱系，与建党精神、井冈山精神、苏区精神等伟大精神共同构筑起中华民族的精神脊梁。

种种肯定，无不彰显出了铁人精神时代意义之大、政治地位之重、社会影响之广。

铁人精神是大庆精神的人格化、具体化，是一面旗帜，凝聚着石油工人朴实平凡的情感；铁人精神是一种力量，凸显了中华儿女坚韧不拔的勇气；铁人精神是一个标志，浓缩着中华民族不畏困难的气概。

铁人精神在历史的进程中持续升华，成为了一种价值选择和精神追求，是中华民族的宝贵财富，更是亿万人民心中永不磨灭的丰碑！

从"铁人"王进喜，到"新时期铁人"王启民，再到"大庆新铁人"李新民，三代铁人是不同历史时期的光辉典范，时代不同，背景不同，但他们身上所体现出来的铁人精神不仅仅属于那些特定的年代，更是穿越了时空，产生久远的影响，激励一代又一代石油人攻坚克难、锐意进取，引领大庆油田不断创造辉煌。

64载砥砺奋进，沐浴着党和国家的亲切关怀，大庆油田走过了不平凡的发展历程。创造了年产原油5000万吨以上连续27年高产稳产的世界奇迹，又在

4000 万吨以上持续稳产 12 年的基础上，谱写了 3000 万吨以上连续 8 年硬稳产、天然气实现连续 12 年稳定增长的时代新篇，建成中国石油首个水面光伏示范项目和首个风光储一体化开发项目，已累计生产原油 25 亿吨……

这些数字的背后，彰显了大庆油田开发建设 60 多年来的艰辛与成绩，更让我们每一名大庆石油人都感到无比的骄傲和自豪。这，就是铁人精神伟力的具体体现。

这一切成绩的背后靠的是什么？就是大庆精神铁人精神！大庆精神铁人精神永不过时，永不褪色，永远是大庆的"根"，大庆的"魂"。

历史已经并将始终证明，铁人精神跨越时空、历久弥新，是推动大庆油田高质量发展、擘画宏伟蓝图、再续辉煌业绩，实现"当好标杆旗帜，建设百年油田"奋斗目标的宝贵精神财富和不竭动力源泉！

传承，是最好的纪念，是历史的担当

把血加热再出发，英雄风范励今人。

在铁人王进喜诞辰 100 周年这一重要历史时刻，我们纪念铁人，缅怀铁人，拿什么纪念？

传承是最好的纪念，践行是最好的手段，业精是最好的答案。

"大庆就是全国的标杆和旗帜""当好标杆旗帜、建设百年油田"，总书记亲切关怀、殷切嘱托，是肯定，更是期盼。

面对党的二十大报告中做出的"深入推进能源革命""加大油气资源勘探开发和增储上产力度"等要求部署，大庆油田如何作答？

面对中国石油天然气集团有限公司党组做出的"全力推进高质量发展，全面建成基业长青的世界一流综合性国际能源公司"六个"走在前、做示范"等要求部署，大庆油田如何作答？

在当下这个特殊的时间节点，大庆油田做出以抓好"三件大事"为统领的战略布局，努力实现"一稳三增两提升"奋斗目标，全面建设世界一流现代化百年油田，发展蓝图已清晰绘就。

责任无比重大，使命无上光荣。大庆油田如何把握历史主动、续写更大荣光？就是要始终发扬大庆精神铁人精神，为发展注入不竭动力。不论前路关山重重、千沟万壑，但困难面前有我们，我们手下无困难。

百年未有之大变局加速演进，大国博弈日趋激烈、全球化遭遇逆流、科技革命和产业变革方兴未艾……客观形势可谓错综复杂。

勘探开发对象更加复杂，科技创新面临世界级难题，改革攻坚进入"深水区"，新能源、新产业尚未形成规模支撑……现实挑战可谓异常严峻。

历史总会惊人地相似，历史却又不会简单地重复。

当年，"洋油"垄断；当前，七成原油依靠进口。

当年，需要面对西方国家经济技术封锁；当前，需要对抗霸权国家围追堵截。

当年，物资匮乏是前进路上的绊脚石，需要没有条件创造条件；当前，在一个个未知领域上下求索，"考场"越来越大、"考题"越来越难。

同困难做斗争，从来不仅仅是物质的角力，更是精神的对垒。

穿透历史与现实，审视当下与未来，无论风云如何变幻，铁人精神都是带领大庆石油人披荆斩棘的制胜法宝。

时代在变，为油奉献的信念不能变！

条件在变，艰苦奋斗的作风不能变！

形势在变，永争一流的精神不能变！

"只要精神不滑坡，办法总比困难多。我们从来都是在压力和挑战中前进的，也一定能继续在压力和挑战中不断前进！"

过去如此，当下如此，未来也必然如此。

"和铁人对话"，将大庆精神铁人精神根植内心

对话铁人传薪火，百年油田耀征程。

股份公司副总裁、油田党委书记、公司执行董事朱国文在油田2022年度所属单位党组织书记抓基层党建工作述职评议会上强调：全油田特别是干部都要

"和铁人对话"。

所有油田干部员工都要对照铁人、对标铁人，看看与铁人相比，我们到底做得怎么样？是能够挺直腰杆做出肯定的回答，还是感到羞愧和惶恐。

王进喜看到北京街上行驶的公共汽车背着煤气包，蹲在街头羞愧地痛哭流涕，发誓要把贫油落后的帽子甩到太平洋里去。这就是王进喜"为国分忧、为民族争气"的爱国主义精神的体现。

反思现在的我们，是否一心扑在工作上、时时保持着对工作放心不下的责任感？是否是为了油田的发展、产量的紧张、员工的利益辗转反侧、彻夜难眠？是否有"功成不必在我，功成必定有我"的胸怀和担当？

王进喜不顾伤痛、义无反顾跳进泥浆池里用身体搅拌泥浆，制伏井喷，用实际行动践行了"宁肯少活二十年，拼命也要拿下大油田"铮铮誓言。

反思现在的我们，在急难险重面前，是否敢于冲锋在前？在遇到困难时，是否存在畏难情绪、等靠思想？是一切以企业为重，还是利己主义抬头？

石油大会战之初，车辆设备紧张，王进喜就带领工人"人拉肩扛"；打井缺水，他们就"破冰取水"……在王进喜眼里，没有克服不了的困难、完成不了的任务。就像王进喜所说："有条件要上，没有条件创造条件也要上！""只能上，不能等；只准干，不准拖！"

反思现在的我们，条件好了、环境好了，是把活干得更漂亮了？还是提的要求、讲的条件更多了？收入好了、待遇好了，是干劲更足了？还是安逸懈怠了？遇到困难、遇到问题，是积极主动地想办法？还是"事不关己高高挂起"？

会战初期，王进喜曾带领过的1205队打斜了一口井。他向会战领导做了深刻检讨，还组织干部、工人背水泥，把那口刚刚超过规定斜度的井填掉了。有人说："填了这口井，就给标杆队的队史写下了耻辱的一页。"他说："没有这一页，队史就是假的。"王进喜就是这样"干工作要经得起子孙万代检查"，对油田负责，对国家负责，对历史负责。

反思现在的我们，作风上"低、老、坏"的现象是否还存在？思想上"懒、庸、怕"的问题是否存在？管理上"松、散、软"的问题是否还存在？"四

条要求""五项措施"是否真正落实到位了?严实作风在我们身上是否真正回归了?本质严实、政治严实、主体严实、全员严实是否都做到了?

王进喜常说:"我从小放过牛,知道牛的脾气,牛出力最大,享受最少,我要老老实实地为党和人民当一辈子老黄牛。"就连临终前,还把各级组织给他的500元补助费交给了党。可见,在王进喜的心里,满满的都是党,都是党的事业,唯独没有他自己。

反思现在的我们,是否做到了对党忠诚、绝对忠诚?忠诚、干净、担当的干部标准是否达标了?请客吃送的不良习气在我们身上是否还有发生?

这些都需要我们反思,需要我们在思想深处、灵魂深处"和铁人对话",更需要我们用实干说话,以业绩作答。

不忘英雄志,不泯铁人魂,奋斗新时代,奋进向百年!